边城高级中学

在边高的这些年

高 二

湖南师范大学出版社

图书在版编目(CIP)数据

在边高的这些年(高二) / 彭景庶主编. . --长沙:湖南师范大学出版社,
2017.9
ISBN 978 - 7 - 5648 - 2998 - 8

Ⅰ.①在… Ⅱ.①彭… Ⅲ.①德育 - 高中 - 教材 Ⅳ.①G631

中国版本图书馆 CIP 数据核字(2017)第 232870 号

在边高的这些年(高二)
Zai Biangao de Zhexienian Gaoer

彭景庶 主编

◇策划组稿:李 阳
◇责任编辑:李红霞 廖小刚
◇责任校对:张晓芳 龚心悦
◇出版发行:湖南师范大学出版社
地址/长沙市岳麓山 邮编/410081
电话/0731 - 88873071 88873070 传真/0731 - 88872636
网址/http://press. hunnu. edu. cn
◇经销:新华书店
◇印刷:湖南雅嘉彩色印刷有限公司
◇开本:787mm × 1092mm 1/16
◇印张:15.5
◇字数:300 千字
◇版次:2017 年 9 月第 1 版
◇印次:2017 年 9 月第 1 次印刷
◇印数:1—3600 册
◇书号:ISBN 978 - 7 - 5648 - 2998 - 8
◇定价:30.00 元
凡购本书,如有缺页、倒页、脱页,由本社发行部调换。
本社购书热线:0731 - 88872256 88873071
投稿热线:0731 - 88872256 13975805626 QQ:1349748847

我的小档案

班　级：

姓名		性别		我的小照
学籍号				
出生日期		民族		
籍贯	家长电话			
身份证号			我的血型	
我的星座	我的 QQ 号		我的微信号	
我的兴趣爱好				
我的特长				
我最崇拜的人	我最喜欢做的事			
我的人生格言				
我心目中的理想大学				
我最想对父母老师说的话				

学会做人　学会做事
学会共处　学会求知

人生理想：_____

_____

高中目标：_____

_____

我的名言：_____

_____

责任教师：_____

班 主 任：_____

小组成员：_____

_____

校长寄语

　　流光涤荡着岁月，时光匆匆。同学们，祝贺你们跨进高二年级。这是一段天空分外湛蓝的时光，因为这一年，你们步入了或即将步入18岁，你们会感觉到自己已经长大，你们会明白很多道理，同时也慢慢学会承担责任。此时此刻，我祝贺高二的每一个同学：你们已经或即将告别天真稚嫩的少年时代，完成从一个不谙世事的孩童到成年人的转变。这是一件值得庆贺纪念的事情！同时，也向为你们的成长付出大量心血的父母、老师表示衷心感谢！

　　18岁，不是生命的开始，而是绚丽人生的起点。成年了，就意味着你们要各自张开双臂去迎接属于你们的成功、幸福、鲜花和掌声；意味着你们要直面未来，勇敢地去面对生活，面对世界；意味着你们要用勇气、牺牲、忠诚、坚持、耐心、智慧去开创世界，改变世界。你们要学会对自己负责，对他人负责，对家庭负责，对社会负责。这是生存的法则，在这个过程中，你可以平凡，但不能平庸。

　　值得庆贺的是，从法律角度上讲，18岁的你们已经拥有了选举权和被选举权，你们已经是一名中华人民共和国的公民。

　　成人、公民，这两个词写起来并不复杂，但蕴含的内容却丰富而深刻。其中包括责任和价值。责任是成年人最重要的标志，也是我们生活中最重要的内容和原则。一个人拥有了独立选择和行动的能力，便有了相应的责任和义务。一个公民必须为自己的任何行为承担责任。

　　责任将伴随着你们的一生，无论何时何地，都不能没有责任感，我们要做引领社会良好风气的正能量传播者，也要做体现时代进步要求的新道德规范的实践者，更要做新型人际关系和良好风尚的倡导者。

我真诚地希望大家做一个有价值、有作为的人。世界上的每一个生命都有自己不可替代的意义和使命。不论你在哪里，从事什么工作，不论成就大小，财富多少，位置高低，人生真正的成功其实在于能够施己所长，益人益事，有所奉献，无愧于心，生活得快乐而充实。

18岁是人生的转折点。作为中华人民共和国最年轻的公民，你们还要学会感恩，感恩父母、感恩老师、感恩朋友和社会。成人后，你们面临的第一场硬仗就是高考。面对这场硬仗，我们的许多同学都表现出了坚韧不拔的可贵品质，你们的这些品质深深地感动了我。是的，坚持就是胜利，让我们一起努力！

18岁是生活新的起点。愿你们走好人生的每一步，愿你们拥有繁花似锦的明天，愿你们拥有美丽灿烂的人生。希望你们带着学校的祝愿，一路拼搏，一路精彩，为建设国家，像一只展翅的大鹏，一日同风起，扶摇直上九万里，奉献自己宝贵的青春和聪明才智！

向祎

目 录

附录

我的成长

高二上学期

♥ 心灵加油站

正确地认识自己

　　不能正确地评价自己，做好定位，朝着正确的方向前进，就会在成长的道路上人为地设下一道道难以逾越的障碍。正确认识自己是准确定位的前提，既不要狂妄自大，也不要妄自菲薄；既要低得下头，也要直得起腰。

——于丹

　　人们常说，"人贵有自知之明"，那就是既不高估自己，也不低估自己。认识到这一点容易，但要做到这一点，却非人人能及。

　　想拥有更大的权力，想把自己的才能更好地发挥到工作岗位上去，想做出比别人更大的成就……这是很多人都拥有的想法。因此，正确估价自己，完全有能力接受自己目前所处的状况和环境，这对于想成功的人来说是非常重要的。

　　世上没有十全十美的人，有些缺点和癖性是与生俱来并要带进坟墓的。只要看看那些伟大的成功者就能立即明白，他们都接受了自然的自我。

　　接受自己，对于正确的自我评价非常重要。纪伯伦曾在其作品里讲了一个狐狸觅食的故事。狐狸欣赏着自己在晨曦中的身影说："今天我要用一只骆驼做午餐呢！"整个上午，它奔波着，寻找骆驼。但当正午的太阳照在它的头顶时，它再次看了一眼自己的身影，于是说："一只老鼠也就够了。"狐狸之所以犯了两次相同的错误，与它选择"晨曦"和"正午的阳光"作为镜子有关。晨曦不负责任地拉长了它的身影，使它错误地认为自己就是万兽之王，并且力大无穷无所不能，而正午的阳光又让它对着自己缩小了的身影忍不住妄自菲薄。大师笔下的这只狐狸与现实生活中的很多人十分相似。他们对自己的认识不足，过分强调某种能力或者无凭无据地承认无能。这种情况下，千万别忘了上帝为我们准备了另外一块镜子，这块镜子就是"反躬自省"四个字，它可以照见落在心灵上的尘埃，提醒我们"时时勤拂拭"，使我们认识真实的自己。

　　尼采曾经说过："聪明的人只要能认识自己，便什么也不会失去。"正确认识自己，才能充满自信，才能使人生的航船不迷失方向。正确认识自己，才能正确确定人生的奋斗目标。有了正确的人生目标并充满自信地为之奋斗终生，才能此生无憾，即使不成功，自己也会无怨无悔。

　　我们常与失败（比如成绩不理想、纪律评分低、人际关系紧张……）为伴。忧虑、内疚也会时时困扰着我们。当然，这些也在一定程度上促使我们警醒，使我们奋发。成功学原理告诉我们：失败者不甘落后、吸取经验、改变自我，奋起拼搏，往往就能变成成功者。

失败与成功仅一步之隔。失败并不表示我们不能成功，而是告诉我们需要改变方式，更新不良的习惯；失败并不表示我们不如别人，而是告诉我们尚有不足；失败并不表示浪费了时间，而是告诉我们还要更加努力；失败并不表示我们永远无法成功，而是告诉我们还要花时间。

我们决心选择成功，即使在奋斗中付出汗水、眼泪，但我们仍然义无反顾，永远向前，去拥抱成功。

 身边的榜样

和同龄人相比，她的青春期似乎没来过，即便来过，也好似昙花一现。别人的青春期都充斥着青春该有的味道：早恋、打架、冲校门、离家出走……而她却还如小学生般每天嘻嘻哈哈，总把自己置身事外，该玩的时候玩，该学习时也不怠慢，带着较好的运气进入了边高民族班。而这时的她好像"成长"了，她对妈妈说："我不想读书了，我想出去打工。"在这些天里，她无心于任何学习，谁的"说教"对她来说都无济于事，就像是得了魔怔，她变成了大家都不认识的模样。她的内心也向往着能像其他同学那样，有一个属于自己的与众不同的青春。可是，她很快知道了，自己成为不了任何人，也学不会像别人那样疯狂。于是，她选择做回她自己，在仅仅的半个月时间里，她不再像以前那样每天嘻嘻哈哈，好像一夜之间"成熟"了，专心于自己的学业。最终，她，2008级90班的姚凡，在2011年的高考中考了595分，以档案分605分被湖南师范大学录取，如今已学成归来在母校任教。

人生路上总会出现一些小插曲，只要你能快速地找到自我，把自己定位于适合自己的位置，你的人生就不会让自己失望。

 本周计划

一、本周课程计划

科目	内　　容	完成情况		
		好	中	差

科目	内　容	完成情况		
		好	中	差

二、本周行动计划

序号	计划做到的事情	结果评价		
		好	中	差
1				
2				
3				
4				
5				
6				
7				
8				
9				
10				

学习小组成员的肯定与提醒：

签名：_____

综合素质写实记录

项目	名称	时间	地点	过程	效果
思想品德					
学业水平					
身心健康					
艺术修养					
社会实践					

自查自省

1. 本周满意的事：

_____

_____

2. 本周欠圆满的事：

_____

_____

老师的评价与建议

1. 责任教师的话：

_____

_____

签名：_____

2. 班主任检查：

_____

_____

签名：_____

心灵加油站

定位自己的人生

人生的真正欢乐是致力于一个自己认为是伟大的目标。——〔爱尔兰〕萧伯纳

一个人的发展在某种程度上取决于自己对自己的评价,这种评价有一个通俗的名词——定位。在心目中你把自己定位成什么,你就是什么,因为定位能决定人生,定位能改变人生。

一个乞丐在地铁出口处卖铅笔,一名商人路过,向乞丐杯子里投入几枚硬币,匆匆而去。过了一会儿后商人回来取铅笔,他说:"对不起,我忘了拿铅笔,因为你我毕竟都是商人。"几年后,商人参加一次高级酒会,遇见了一位衣冠楚楚的先生向他敬酒致谢。这位先生说,他就是当初卖铅笔的乞丐。他生活的改变,得益于商人的那句话:你我都是商人。故事告诉我们:当你定位于乞丐,你就是乞丐;当你定位于商人,你就是商人。

定位的概念最初是由美国营销专家里斯和屈特于1969年提出的。当时他们的观点是,商品和品牌要在潜在的消费者心中占有位置,企业经营才会成功。随后定位的外延扩大了,大至国家、企业,小至个人、项目等,均存在定位的问题,事关成败兴衰。

汽车大王福特自幼帮父亲在农场干活,12岁时,他就在头脑中构想用能够在路上行走的机器代替牲口和人力,而父亲和周围的人却要他在农场做助手。若他真的听从了父辈的安排,世间便少了一位伟大的企业家,但福特坚信自己可以成为一名机械师。于是他用1年的时间完成了其他人需要用3年时间完成的机械师训练,随后又花两年多时间研究蒸汽原理,试图实现他的目标,未获成功;后来他又投入到汽油机研究上来,每天都梦想制造一部汽车。他的创意被大发明家爱迪生所赏识,邀请他到底特律公司担任工程师。经过10年努力,在福特29岁时,他成功地制造了第一部汽车引擎。今日美国,每个家庭都有一部以上的汽车,底特律是美国最大工业城市之一,也是福特的财富之都。福特的成功,不能不归功于他正确的定位和不懈的努力。

身边的榜样

出生于湘西花垣县苗寨的麻雪芬,从小受祖父祖母的熏陶,耳濡目染让她对苗族传统文化产生了浓厚的兴趣。花垣是古朴神秘的"百里苗乡"。苗族传统文化保存完好,拥有苗鼓、苗语、苗拳等中国非物质文化遗产保护项目。从小,麻雪芬就对苗鼓感兴趣,小时候,祖父家的火炉旁放了一面苗鼓，她就拿着小小的鼓槌，对着鼓面进行敲打。从那时候开始，她心里便种上了一棵苗鼓的种子。

后来，麻雪芬进入边城高级中学读高中，她开始学习音乐专业。她的主专业是声乐演唱，副专业可以从乐器和舞蹈中选择，到底该选择什么好呢，她心里没底。这时，正值学校放假，她回到了苗寨，看见忙完农活的乡亲们都聚在一起，好不热闹。"咚咚咚……咚咚咚……"，原来，乡亲们在打苗鼓呢。忽然，她灵机一动，决定将苗鼓作为自己的副专业。这是一项集乐器和舞蹈于一体的专业，并且还从未有人在高考的舞台上展示湘西苗鼓。麻雪芬下定决心后就立即行动，开始选择套路。

麻雪芬的妈妈那会儿刚好在排料乡（今双龙镇）金龙苗寨担任第一支书，正带领全村爱好苗鼓的男女老少师从于第一代鼓王——龙英棠，跟她学打苗鼓。

由于麻雪芬的高中学习任务很紧，很多时候，都是妈妈先把动作学会，回来再继续教她。功夫不负有心人，她的苗鼓表演赢得了评委们的掌声，在收获了苗族传统文化的同时，她也考上了心仪的大学。

 本周计划

一、本周课程计划

科目	内　容	完成情况		
		好	中	差

二、本周行动计划

序号	计划做到的事情	结果评价		
		好	中	差
1				
2				
3				
4				
5				
6				
7				
8				
9				
10				

💬 学习小组成员的肯定与提醒：

签名：＿＿＿＿＿＿＿

项目	名称	时间	地点	过程	效果
思想品德					
学业水平					
身心健康					
艺术修养					
社会实践					

自查自省

1. 本周满意的事:

2. 本周欠圆满的事：

老师的评价与建议

1. 责任教师的话：

签名：_____

2. 班主任检查：

签名：_____

 心灵加油站

打破心中的瓶颈

> 宿命论是那些缺乏意志力的弱者的借口。——［法］罗曼·罗兰

几年前，在举重项目之一的挺举项目中，有一种"500磅（约227公斤）瓶颈"的说法，也就是说，以人的体力而言，500磅是很难超越的瓶颈，当时没有一个运动员能突破这个重量。一次，499磅的纪录保持者巴雷里比赛时所举的杠铃，由于工作人员的失误，实际超过了500磅。这个消息发布之后，世界上有6位举重高手也紧接着举起了一直未能突破的500磅杠铃。

有一位撑竿跳的选手，一直苦练都无法越过某一个高度。他失望地对教练说："我实在是跳不过去。"

教练问："你心里在想什么？"

他说："我一冲到起跳线时，看到那个高度，就觉得我跳不过去。"

教练告诉他："你一定可以跳过去。把你的心从竿上摔过去，你的身子也一定会跟着过去。"

他撑起竿又跳了一次，果然跃过。

心，可以超越困难，可以突破阻挠；心，可以粉碎障碍，终会达成你的期望。

所谓瓶颈，其实只是心理作用。你的心中有瓶颈吗？

一个人的生活罗盘经常失灵，他就会在迷宫般的、无法预测也乏人指引的茫茫生活中失去方向。他们不断触礁，可是别人却技高一筹地继续航行，安然面对每天的挑战，平安抵达成功的彼岸。为了维持正确的航线，为了不被沿路上意想不到的障碍和陷阱困住或吞噬，你需要一个可靠的内部导航系统。一具有用的罗盘，将为你在生活困境中指引一条通往成功的康庄大道。然而，可悲的是，太多人从未抵达终点，因为他们借助失灵的罗盘来航行。这坏掉的罗盘可能是扭曲的是非感，或是蒙蔽的价值观，或是自私自利的意图，或是未能定的目标，简直不胜枚举。聪明人利用罗盘，可以获致永恒的成功。有智慧的卓越人士，选择可靠的路线，坚定地向前行，渡过难关，安抵终点。

其实，人生最大的挑战就是挑战自己，这是因为其他敌人都容易战胜，唯独自己是最难战胜的。有位作家说得好："自己把自己说服了，是一种理智的胜利；自己被自己感动了，是一种心灵的升华；自己把自己征服了，是一种人生的成熟。大凡说服了、感动了、征服了自己的人，就有力量征服一切挫折、痛苦和不幸。

2011届81班的颜诗纯同学是一个性格比较内向、文静的女孩子。高中三年，她始终默默地努力学习。但是，由于语文基础不好，从进高中起，她的语文成绩就一直不突出，高二二期期末考试语文只得了72分。而她自己也对语文这一科感到害怕，每次考试之前，她都担心语文会考不好。平时上语文课，也怕老师提她的问，写作文简直就是她的噩梦！

语文老师了解到她的情况后，多次找她谈心，了解她的语文学习状况，告诉她不要对语文有恐惧感，要去多接触它；让她平时多读一些文章，坚持每天随手写200字左右的日记；特别是鼓励她上课时多回答问题，不要怕答错。颜诗纯同学也认识到如果不把语文成绩提上去，高考就不可能取得理想的成绩。于是，她按照老师的要求和布置，每天读书、写作，积极主动回答老师的提问。就这样，颜诗纯的语文成绩逐渐提高。2011年高考，她的语文获得了117分的好成绩，最后，她以总分609的成绩被"985"高校吉林大学录取。

 本周计划

一、本周课程计划

科　目	内　　　容	完成情况		
		好	中	差

二、本周行动计划

序号	计划做到的事情	结果评价		
		好	中	差
1				
2				
3				
4				
5				
6				
7				
8				
9				
10				

学习小组成员的肯定与提醒：

签名：＿＿＿＿＿＿＿＿＿

综合素质写实记录

项目	名称	时间	地点	过程	效果
思想品德					
学业水平					
身心健康					
艺术修养					
社会实践					

自查自省

1. 本周满意的事：

2. 本周欠圆满的事：

老师的评价与建议

1. 责任教师的话：

签名：_____

2. 班主任检查：

签名：_____

不做安于现状的青蛙

故步自封和过度的自我满足让人的世界变得越来越小。而有些人宁可在暂时的安逸中沉湎，也不愿提高自身的能力以适应环境变化。这种做法和文中的两只青蛙所做出的反应，几乎同出一辙。

——郑永娟

有一只青蛙生活在井里，那里有充足的水源。它对自己的生活很满意，每天都在欢快地歌唱。

有一天，一只鸟儿飞到这里，便停下来在井边歇歇脚。青蛙主动打招呼说："喂，你好，你从哪里来啊？"

鸟儿回答说："我从很远很远的地方来，而且还要到很远很远的地方去，所以感觉很劳累。"

青蛙很吃惊地问："天空不就是那么大点吗？你怎么说是很遥远呢？"

鸟儿说："你一生都在井里，看到的只是井口大的一片天空，怎么能够知道外面的世界呢！"

青蛙听完这番话后，惊讶地看着鸟儿，一脸茫然和失落。

这是一个我们早已熟知的故事，或许你会感到好笑，但是现实生活中，却仍可以见到许许多多的"井底之蛙"，陶醉在自我的狭小领域中。这种自以为是的自足自得，只会导致眼光的短浅和心胸的狭窄。信息的落后和自我张狂会让自己和现实离得越来越远。特别是在竞争日趋激烈的今天，故步自封和过度的自我满足只会让你的世界越来越小，并时刻有被淘汰的危险。因此，每个人都应该走出"小我"，积极地提升自身的能力，开阔自己的视野，这样才能在汹涌的时代大潮中立于不败之地。

下面，我们再讲一个有关于青蛙的故事。在19世纪末，美国康奈尔大学做过一次有名的青蛙实验。他们把一只青蛙丢进煮沸的油锅里，在那千钧一发的生死关头，青蛙用尽全力，一下就跃出了那势必使它葬身的滚烫的油锅，跳到锅外的地面上，安全逃生。

半小时后，他们使用同样的锅，在锅里放满冷水，然后又把那只死里逃生的青蛙放到锅里，接着用炭火慢慢烘烤锅底。青蛙悠然地在水中享受"温暖"，等它感觉到承受不住水的温度，必须奋力逃命时，却发现为时已晚，欲跃无力。青蛙全身瘫痪，终于葬身在热锅里。

生活中，我们随处可以看到，许多人安于现状，不思进取，在浑浑噩噩中度日，害怕去面对不断变化的环境，更不愿增强自己的本领，去发挥自身的优势以适应变化。最终在安逸中消磨了所有的生命能量。

2011届麻秀建同学是一个家境贫困的农村孩子，初中毕业时，家里要他考小学教师，但是他觉得如果选择去读小学教师中专班，那他的人生就永远定位在农村小学教师的平台上了。不甘平庸的他选择了为自己的大学梦奋力拼搏。在高中的三年里，麻秀建一心一意只为读书，经常是第一个走进教室，最后一个离开教室。特别难能可贵的是，只要有不懂的问题，他就向老师和同学请教，一直要弄懂才罢休。有同学问他："凭你的成绩，考个一本不成问题吧，哪里还用得着这么拼？"麻秀建同学回答说："如果只满足于在边高名列前茅，那和坐井观天的青蛙有什么不同？再说了，我现在的成绩离最优秀的同学还差得很远呢，不努力怎么行？"通过三年的努力，在2011年高考中，他获得了646分的高分，其中语文以124分获全校第一，考上了武汉大学。而本村另两名家境富裕、成绩优秀、去州内老牌省示范校念书的同学，认为进入名牌学校学习，考上大学是自然的事情，就像进了保险箱一样，所以滋生优越感，刻苦、进取不够，三年后一个勉强考上二本，另一个连二本都没考上。

 本周计划

一、本周课程计划

科 目	内　　容	完成情况		
		好	中	差

二、本周行动计划

序号	计划做到的事情	结果评价		
		好	中	差
1				
2				
3				
4				
5				
6				
7				
8				
9				
10				

学习小组成员的肯定与提醒：

签名：＿＿＿＿＿＿＿＿＿

综合素质写实记录

项目	名称	时间	地点	过程	效果
思想品德					
学业水平					
身心健康					
艺术修养					
社会实践					

自查自省

1. 本周满意的事：

2. 本周欠圆满的事：

- -

- -

- -

- -

老师的评价与建议

1. 责任教师的话：

- -

- -

- -

签名： - - - - - - - - - - - - -

2. 班主任检查：

- -

- -

- -

签名： - - - - - - - - - - - - -

克服障碍　勇于质疑

不怀疑不能见真理。——李四光

质疑是人类进步的原动力，每个同学都要敢于并善于质疑。

孔子说："学而不思则罔，思而不学则殆。""学源于思，思源于疑。"学者先要会疑。张载说："在可疑而不疑者，不曾学；学则须疑。"清代大学者戴震善疑多问，他凭借多思善疑终成清代的大学问家。牛顿见到苹果落地，偏要问个究竟，最终创立了"万有引力"说，支配了人类思想。

著名数学家华罗庚读书的方法与众不同。他拿到一本书，不是翻开从头至尾地读，而是对着书思考一会，然后闭目静思。他猜想书的谋篇布局，斟酌完毕再打开书，如果作者的思路与自己猜想的一致，他就不再读了。华罗庚这种猜读法不仅节省了读书时间，而且培养了自己的思维力和想象力，不至于使自己沦为书的奴隶。爱因斯坦曾说过："提出问题比解决问题更重要。"可见，学习的过程就是不断思考的过程。

一个人，不管是在学习中还是在工作中，要培养勇于质疑的精神，首先就必须克服内心的"约拿情结"。

约拿是《圣经》中的人物。据说上帝要约拿到尼尼微城去传话，这本是一种崇高的使命和荣誉，也是约拿平素所向往的。但一旦理想成为现实，他又感到一种畏惧，觉得自己不行，想回避即将到来的成功，想推却突然降临的荣誉。这种在成功面前的畏惧心理，心理学家们称之为"约拿情结"。

约拿情结是一种普遍的心理现象。我们想取得成功，但成功以后，又总是伴随着一种心理迷茫。我们既自信，又自卑，我们既对杰出人物感到敬仰，又总是心怀一种敌意。我们敬佩最终取得成功的人，而对成功者，又怀有一种不安、焦虑、慌乱和嫉妒。我们既害怕自己最低的可能性，又害怕自己最高的可能性。

说到底，"约拿情结"是一种内心中深层次的恐惧感。这种恐惧感往往会破坏一个人正常的能力。

恐惧使创新精神陷于麻木；恐惧毁灭自信，导致优柔寡断；恐惧使我们动摇，不敢开始做任何事情；恐惧还使我们怀疑和犹豫。恐惧是能力上的一个大漏洞。而事实上，有许多人把他们一半以上的宝贵精力浪费在毫无益处的恐惧和焦虑上面了。

恐惧虽然阻碍着人们力量的发挥和生活质量的提高，但它并非不可战胜。只要人们能够积极地行动起来，在行动中有意识地纠正自己的恐惧心理，那它就不会再成为我们的威胁。

成功的人之所以不同，就因为他们在内在本性和外在环境的冲突下，没有选择对强大的和无处不在的社会力量妥协；没有放弃自己去取得成长的最高可能性。他们以自己的方式去解决冲突，去坚持自己的追求和梦想，这样他们才有可能会取得成功，成为杰出人物。

约拿情结告诉我们：成功源自克服内心的成长障碍。在人生前进的道路上，除了我们自己，还能有谁能够打败我们呢！

 身边的榜样

2014届文1班的危莎是一名热爱学习、勤于钻研的同学，更是一名善于质疑、敢于提问的同学。善于思考的人才会善于质疑，她对学习中遇到的每个问题都要追根究底，任何一个疑点都不轻易放过。她经常是一下课便冲上讲台，将课堂上有疑惑的地方一点一点地询问老师，如果心里的疑惑得不到解决，她就决不放弃，一直要弄懂为止。饭后教室里、走廊上也总是看见她独自看书思考或是与同学共同探讨问题的身影。这样做，既解答了自己的难题，又加深了自己对知识的理解，更增强了自己的思维能力，大大提高了学习效率。刚进高中时，危莎同学的成绩并不突出，正是靠着这种勤于钻研、善于质疑的精神，她的学习成绩稳步上升，到高三时已经名列全年级的前茅。在2014年高考中，危莎同学以632分的成绩被"985"高校四川大学录取。我们有理由相信：这种敢于质疑、勤于思考的精神一定会帮助危莎同学取得更加优异的成绩！

 本周计划

一、本周课程计划

科 目	内 容	完成情况		
		好	中	差

二、本周行动计划

序号	计划做到的事情	结果评价		
		好	中	差
1				
2				
3				
4				
5				
6				
7				
8				
9				
10				

学习小组成员的肯定与提醒：

签名：_____

项目	名称	时间	地点	过程	效果
思想品德					
学业水平					
身心健康					
艺术修养					
社会实践					

自查自省

1. 本周满意的事：

2. 本周欠圆满的事：

老师的评价与建议

1. 责任教师的话：

签名：_____

2. 班主任检查：

签名：_____

♥ 心灵加油站

打磨自己

不是一番寒彻骨，怎得梅花扑鼻香。 ——冯梦龙

经过一番磨砺，卵石才变得更加美丽光滑。

梯子的梯阶从来不是用来搁脚的，它只是让人们的脚放上一段时间，以便让另一只脚能够再往上登。

山路曲折盘旋，但毕竟朝着顶峰延伸。只有登上山顶，才能看到那边的风光。

即使道路坎坷不平，车轮也要前进；即使江河波涛汹涌，船只也要航行。

只有创造，才是真正的享受，只有拼搏，才是充实的生活。

敢于向黑暗宣战的人，心里必须充满光明。

崇高的理想就像生长在高山上的鲜花。如果要摘下它，勤奋才是攀登的绳索。

自然界没有风风雨雨，大地就不会春华秋实。

勤奋是你生命的密码，能使你译出一部壮丽的史诗。

忙于采集的蜜蜂，无暇在人前高谈阔论。

勇士搏击惊涛骇浪而不沉沦，懦夫在风平浪静里也会溺水。

不管多么险峻的高山，总是为不畏艰难的人留下一条攀登的路。

只要能收获甜蜜，荆棘丛中也会有蜜蜂忙碌的身影。

生活可以是甜的，也可以是苦的，但不能是没味的。你可以胜利，也可以失败，但你不能屈服。九百九十九次落空了，还有第一千次呢……

机会只对进取有为的人开放，庸人永远无法光顾。

只会在水泥地上走路的人，永远不会留下深深的脚印。

生命的意义在于拼搏，因为世界本身就是一个竞技场。

海浪的品格，就是无数次被礁石击碎，又无数次地扑向礁石。

榕树因为扎根于深厚的土壤，生命的绿荫才会越长越茂盛。

骄傲，是断了引线的风筝，稍纵即逝；自卑，是剪了双翼的飞鸟，难上青天。这两者都是成才的大忌。

树苗如果因为怕痛而拒绝修剪，那就永远不会成材。

如果把才华比作剑，那么勤奋就是磨刀石。

经受了火的洗礼，泥巴也会有坚强的体魄。

萤火虫的光点虽然微弱，但亮着便是向黑暗挑战。

美丽的蓝图，落在懒汉手里，也不过是一页废纸。

一时的挫折往往可以通过不屈的搏击，变成学问及见识。

努力向上的开拓，才使弯曲的竹鞭化作了笔直的毛竹。

不去耕耘，不去播种，再肥的沃土也长不出庄稼；不去奋斗，不去创造，再美的青春也结不出硕果。

再好的种子，不播种下去，也结不出丰硕的果实。

如果可恨的挫折使你尝到苦果，那么，奋起必将让你尝到人生的欢乐。

瀑布——为了奔向江河湖海，即使面临百丈深渊，仍然呼啸前行，决不退缩。对于勇士来说，贫病、困窘、责难、诽谤、冷嘲热讽……一切压迫都是前进的动力。

一帆风顺，并不等于行驶的是一条平坦的航线。

在茫茫沙漠，唯有前进的脚步才是希望的象征。

 身边的榜样

"可是一个人并不是生来要被打败的，你尽可把他消灭掉，可就是打不败他。"《老人与海》中的这句话是2015级221班刘继焱同学送给他自己的。刘继焱是一名体育专业生，同时也是边城高级中学足球队的一员。作为一名体育特长生，他的身体素质并不出众。但他始终牢记一句话："宝剑锋从磨砺出。"于是，他谨记老师讲解的动作要领，反复地去练习，用自己的勤奋与汗水，实现了一个又一个自我的超越，各项测试成绩突飞猛进。当其他人问及他的经历时，他只说了一句话："体育生很苦，但我庆幸我挺了过来。"每当他不想起床早训时，他就会感到心慌，为什么？"别人都在进步，我却在偷懒，我不会放纵自己这样"，他说。所以，他又立刻振作精神，迅速地起床，飞快地训练。与此同时，刘继焱的文化课也不落后。因为训练，他比别人的学习时间自然少了许多，于是他就把别人休息和玩耍的时间都用在学习上，将自己的休息时间缩到最短。

"真正给我动力的是压力，在学习竞争如此强烈的班级里，我不得不奋起直追，没有人能记住第二名，但我想让别人记住我。"

 本周计划

一、本周课程计划

科目	内　容	完成情况		
		好	中	差

二、本周行动计划

序号	计划做到的事情	结果评价		
		好	中	差
1				
2				
3				
4				
5				
6				
7				
8				
9				
10				

💬 **学习小组成员的肯定与提醒：**

签名：_____

综合素质写实记录

项目	名称	时间	地点	过程	效果
思想品德					
学业水平					
身心健康					
艺术修养					
社会实践					

自查自省

1. 本周满意的事：

2. 本周欠圆满的事：

_____

_____

_____

_____

老师的评价与建议

1. 责任教师的话：

_____

_____

_____

签名：_____

2. 班主任检查：

_____

_____

_____

签名：_____

♥ 心灵加油站

其实，生命就是一种坚强

> 如果你足够坚强，你就是史无前例的。——［美］斯科特·菲茨杰拉德

因为雨天天气，我好几天没去光顾阳台上的盆景。今天出去一看，大吃一惊，其中一盆已经落叶满地，生命垂危，但它的身边，一株不知名的植物正长得茂盛，在风中得意地摇曳着。一种悲凉顷刻从心中升起，我既自责自己的疏忽，也哀叹盆景的脆弱。我赶紧给盆景补水，可对那外来的不知名植物，我却下不了手根除。

这是怎样的生命呀，在盆景因失去关注而渐渐失去光彩、走向衰亡的时候，她却抓住这一空隙，怒放生命，蓬勃生长自己。是的，如我关注到位，她或许会在不起眼的时候就被除掉了。毕竟，那是盆景的天地，她的存在终究破坏了那份雕琢的美丽。可几天的工夫，她无畏惧水分缺乏，把住契机，把自己长得如同盆景一般高大，欣喜地张扬生命。

我看着濒临死亡的盆景，也看着这不知名的植物，在伤感和感动中忽有所悟：其实，生命就是一种坚强。

不是吗？植物如此，人不也如此？

生命能呱呱落地，就是因为母亲和婴儿共同的坚强。

生命来自于坚强。生命离不开坚强。

面世之后，我们每天与坚强相随相依。我想，如果可以选择，没有人愿意病痛，愿意伤感，甚至愿意辛劳。但从出生开始，谁也免不了跟一些小病甚至大病打交道，坚强地忍着，搏斗着。谁都想每天睡到自然醒，晒晒阳光，听听歌，看看风景，但每个人，从很小开始，或者自身原因或者家长原因，每天都得在闹钟或家长的叫唤中不情愿地起床，然后做该做的事，或读书或工作，都必须依靠坚强，去努力，去刻苦，去谋生。只有这样，才会留住生命，创造生命的精彩。

尘世中没有哪一方净土能让人随心所欲，理想与现实总有太大的距离。如果差距太远，落差太大；如果所处的环境不尽如人意，总被疏忽，总有伤害；如果病魔缠身，爱人离弃；如果生活中太多是灰暗。坚强，就是生命的支撑。

生命就是一种坚强。生命离不开坚强。

我们必须每天用坚强去面对日常所有的繁琐；去激发被疏忽和伤害的灵魂；去拯救身心的病痛和反叛的心灵；去对抗世俗的灰暗和肮脏。

坚强是人生的必须；是精神的支柱；是跨越坎坷的信念。

人的一生都在坚强中度过，追求是坚强，自爱是坚强，努力是坚强，正直是坚强，善良是坚强，怜悯是坚强，不放弃自己，是真正的坚强。

即使有一千个理由让我们放弃和消沉，我们也必须一千零一次坚强。

坚强，是我们活着的状态。

盆景里那株不知名的植物，用坚强感动了我。我将无怨无悔留下她，是她让我彻底明晰：其实，生命就是一种坚强。

 身边的榜样

113班的肖艳，是一位体育健将。高一从永顺二中转入边高。刚进边高时，她还不适应新的环境，导致几门功课成绩下降。爱好学习的她，承受着体育训练的艰苦，更没有放弃对文化成绩的追求，她相信：不经历风雨难见彩虹。平凡的话语中包含着对人生理想的追求。下课了，她成了老师办公室的常客，不管有多少不懂的问题她都会打破砂锅问到底；成绩优异的同学也成了她的半个老师。虚心学习，日积月累，她的文化成绩逐渐提高。在体育训练上，体育教练告诉的训练技巧，她铭记在心，不断操练。身体素质原本不是很突出的她，经过三年的冬练三九严寒、夏练三伏酷暑，终于圆了大学梦。她的高中生活如一段航海，无论风雨还是恶浪，她依旧扬帆前行。她说："其实，生命就是一种坚强。有人问我，又要训练专业，又要学好文化，我是怎么做到的？其实，很多时候我也觉得到了承受的极限，每当我快要放弃的时候，是坚强让我坚持了下来。我想，一个人只要拥有足够的坚强，梦想，便不再遥不可及。如今，我考上了"211"院校贵州大学。这对我来说是一种莫大的回报，更是对我人生的一种肯定。我能够如此，同学们，你们呢？"

 本周计划

一、本周课程计划

科目	内　　容	完成情况		
		好	中	差

科目	内　容	完成情况		
		好	中	差

二、本周行动计划

序号	计划做到的事情	结果评价		
		好	中	差
1				
2				
3				
4				
5				
6				
7				
8				
9				
10				

学习小组成员的肯定与提醒：

- -

- -

签名：- - - - - - - - - - - - - -

项目	名称	时间	地点	过程	效果
思想品德					
学业水平					
身心健康					
艺术修养					
社会实践					

自查自省

1. 本周满意的事：

2. 本周欠圆满的事：

老师的评价与建议

1. 责任教师的话：

签名：_____

2. 班主任检查：

签名：_____

自尊是人生的高尚境界

每一个正直的人都应该维护自己的尊严。——［法］卢梭

人类有许多高尚的品格，但有一种品格是人性的顶峰，这就是个人的自尊心。一个人开朗、豁达，就会感受到自尊的快乐。无论是自己对自己价值的肯定，还是他人对自己价值的肯定，即自尊与被人尊重，都是快乐的。唯有知耻，才有自尊。尊重自己是人生的一道底线，是人生的一个亮点，自尊无价。不管别人尊不尊重你，首先你自己一定要尊重自己。只有自尊的人才懂得尊重别人，也才会受到别人的尊重。

做有自尊的人，应具有品德基础。包含自身的修养、自身的素质与自身的人生观与世界观。人格是人的尊严、价值和品格的总和。尊重自己是人生的一道底线，是人生的一个亮点。自尊是人生命中一笔无价的财富，就是它帮助我们成为生活的强者。自尊是做人的灵魂，是自信、自强的支点。

做有自尊的人，应克服浮夸虚荣。虚荣追求表面上的荣耀、光彩。虚荣产生的原因是自我认识模糊，将名利作为支配自己行动的内在动力，过分看重他人对自己的评价。我们应明白：虚荣是自尊的扭曲；矫正的方法是按照正确的思维方法，明确自己真正的需要是什么。要欣然接受别人对自己的指点，能够正确理解其本意，应采取虚心的、中肯的态度接受。这不但不会丢面子，反而会给对方留下一个好印象。

做有自尊的人，应百倍尊重他人。尊重他人是自尊的需要，也是自我完善的需要。尊重他人，有利于更好地认识自己，并且借助他人的评价来更好地认识自己。人人彼此尊重，相互接纳，才能享受自尊的快乐。

做有自尊的人，应拥有豁达、开朗的性格，欣赏来自他人的智慧，感受自尊的快乐。要得到彼此尊重，就需要宽容大度。

总之，自尊是一种精神需要，是人格的内核。维护自尊是人的本能和天性。无论是自己对自己价值的肯定，还是他人对自己价值的肯定，都是快乐的。

2015级203班的饶世恒同学初中时迷上了网络和手机，成绩一落千丈，最后在花垣民中读不下去，只好转学回家乡——花垣县四中。刚转回去时，受到了很多人的白眼，这极大地刺伤了饶世恒的自尊心。于是，他开始强迫自己把心思集中到学习上来。初中毕业时他以很一般的成绩考进边城高级中学。进入高中后，他深深认识到如果再沉迷于网络和手机，自己将彻底堕落，将彻底丧失自尊。于是，他下定决心，摆脱了网络和手机。从此，课堂上，他总是保持着积极的心态，课后，只要有问题，他总是想尽办法去解决。在任何地方，他总是带着一本书或几张试卷。即使是在一片嘈杂的环境里，他也能保持一颗安定的心。慢慢地，他从一个无名小卒不断进步，理科前二十名、前十名……当有人问他怎么能取得如此大的进步时，他傻笑着说："我以前堕落过，不自尊自爱，现在我在一轮复习中看到了希望，我会一步一步地跟着老师走，我相信，荣耀一定就在前方。"

 本周计划

一、本周课程计划

科目	内　容	完成情况		
		好	中	差

二、本周行动计划

序号	计划做到的事情	结果评价		
		好	中	差
1				
2				
3				
4				
5				
6				
7				
8				
9				
10				

学习小组成员的肯定与提醒：

签名：＿＿＿＿＿＿＿＿

项目	名称	时间	地点	过程	效果
思想品德					
学业水平					
身心健康					
艺术修养					
社会实践					

自查自省

1. 本周满意的事:

2. 本周欠圆满的事：

老师的评价与建议

1. 责任教师的话：

签名： _ _ _ _ _ _ _ _ _ _ _

2. 班主任检查：

签名： _ _ _ _ _ _ _ _ _ _ _

 心灵加油站

成长是一种美丽的疼痛

成长是一种美丽的疼痛。——刘墉（台湾作家）

有一个老总问他迷惘而困惑的下属，你知道毛毛虫是怎么过河的吗？下属给出了三个答案：

下属说"从桥上过"，老总摇摇头说："没有桥。"

下属说"从叶子上过"，老总说："叶子被水冲走了。"

下属又接着说"被鸟吃到肚子里就过河了"，老总强调："那样的话，毛毛虫就死掉了，也便失去了过河的意义。"

那么毛毛虫究竟是怎么过河的呢？

最后老总告诉下属说：毛毛虫要想过河，只有一种方法，那就是变成蝴蝶。毛毛虫在变成蝴蝶之前要经历一个痛苦的阶段，它在一个茧里面，暗无天日、没吃没喝。这种痛苦要经历很长一段时间。

其实每个人也是一样的，在生命的历程中，都会遇到这样或者那样的挫折与磨难，有人面对困难悲观失望，无法转换自己的角色，相反有的人却是勇敢地摒弃原有的观念，不断地挑战自我，不断地脱胎换骨，最后轻松自如地飞过了毛毛虫时代那条痛苦的河流。

生命其实就是毛毛虫过河的过程，每个人都有成功的机会，但是成长与成熟都是痛苦的，要想成功，必须勇敢地蜕掉一层层厚厚的茧，才能变成蝴蝶任意地飞舞。

如果说成功有捷径的话，那就是改变，时刻准备着——改变。

改变才能更好地生存！

 身边的榜样

"我在地上行走，不在云端跳舞"，这是2008届46班麻绍伟经常念叨的一句话。

他在高二的时候考上了当时的民族团结班16班，那时的他学习习惯很不好，学习态度不是很端正，成绩很不稳定，还严重偏科，抱着想考上二本就满意了的态度。可在第一年参加高考，他的总分442分，连二本都没有考上，当时他英语只考了72分，语文只考89分。那次失利对他的打击很大，他逐渐明白这不是偶然因素造成的，学习态度不端正，心气浮躁是重要的因素。后来他决定再复读一年，假期里他在家里把高中的英语单词一遍又一遍地抄写，每天规定自己完成4篇阅读理解，1篇完形填空，数学每天至少完成一张完整的试卷。开学后，他把每天的时间都安排得满满的，早自习前30分钟读英语，课间除了上厕所，就是在教室刷题，理科综合、数学都安排一定时间，只在星期六的下午适当休息。每天都这样踏踏实实，一步一个脚印。经过一年的努力，最后他以总分560分，被上海华东师范大学数学系录取，当时的英语成绩提高到了117分。大学毕业后，回母校任高中老师。

哲学家维特根斯坦说："我贴在地面步行，不在云端跳舞。"地面步行，常常是风雨不动安如山，此为踏实之风；云端跳舞，往往会摔得鼻青脸肿，此为浮躁之气。从哲学家的名言可以看出，我们无论做什么事情，都要求踏实，戒浮躁。

 本周计划

一、本周课程计划

科 目	内　　容	完成情况		
		好	中	差

二、本周行动计划

序号	计划做到的事情	结果评价		
		好	中	差
1				
2				
3				
4				
5				
6				
7				
8				
9				
10				

学习小组成员的肯定与提醒：

签名：_____

综合素质写实记录

项目	名称	时间	地点	过程	效果
思想品德					
学业水平					
身心健康					
艺术修养					
社会实践					

自查自省

1. 本周满意的事：

2. 本周欠圆满的事：

- -

- -

- -

- -

老师的评价与建议

1. 责任教师的话：

- -

- -

- -

签名： - - - - - - - - - - - - -

2. 班主任检查：

- -

- -

- -

签名： - - - - - - - - - - - - -

♥ 心灵加油站

心宽天地广

一个伟大的人有两颗心：一颗心流血，一颗心宽容。——［美］纪伯伦

成功的人需具备的三种素质是：有肚量去容忍那些不能改变的事，有勇气去改变那些不可改变的事，有智慧去区别上述两类事。

不是每个人都能取得成功，也不是成功的人才需要有肚量。不论是谁，在这人世活着，并且要活出滋味、活出样子就不能没有肚量，而要做到有肚量，就不能不心宽。心不宽，天地小，路就越走越窄，甚至没有出路。

大道理人人都懂，但在现实面前，道理有时不管用。谁都知道做人要胸怀宽广、海纳百川，可真要做到如此，谈何容易呢？人最难的是说服自己，只要把自己说服了，事情就好办了。什么事情都是"我要做"比"要我做"来得顺畅的，别人劝我们要心宽，我们会埋怨别人太不理解人而不见得真会心宽，只有自己真正心宽的时候，我们才理解了人，也容纳了一切。

阿基米德说："给我一个立足点和一根足够长的杠杆，我就可以撬动地球。"阿基米德的这句话，前提是要有一支足够长的杠杆，这跟给大家一个公平的社会环境，人们可以发挥出最大的潜能有什么区别呢？事实上，足够长的杠杆没有，公平的社会环境也没有，因为，这是不可能的。你得到了你认为的公平，就会使一部分人失去了他所认为的公平。在不可能的前提下，尽可能地去接近可能，也难能可贵了，奢望得再多又有什么用？

一个人的命运，有时不一定完全掌握在自己手里。一个人要改变自己的命运也必然要付出巨大的艰辛和代价。社会永远无法绝对公平，人的一生，有起有落，在起起落落之中，你会把人间的炎凉一一尝遍。

真理的火炬有时掌握在少数人手里，并且会烧伤高举它的人。我们不太相信命运，又不能不相信命运。只因，改变不了的就成了宿命。

遭受苦难的人不一定是有罪过的人，有罪过的人偏偏远离苦难。面对不公、面对苦难、面对无法改变的命运，该怎么办呢？其实，人的命运无非有两种选择：要么死去，要么活着。

死去容易，活着才难。人们之所以要选择艰难地活着而不愿意轻易地死去，那是因为人们对生命的尊严有着本能的珍惜和捍卫。选择活着，必然需要勇气，还需要有应对一切的心理准备。

明明是无理取闹，偏偏说理在自己；明明是欺压了他人，偏偏不肯见好就收；明明是让别人受了委屈，偏偏还没良心发现……当公道不在人心，当公众被混淆了视听，伤痕累累的你路在何方？

不能改变它就接受它，接受它之后再期待云开见日的一天。

无论任何时候，也无论遭遇怎样，每个人的心都要放宽些，再放宽些。这样，可以帮自己渡过许多难关。人生最关键的往往就那么几步，在最艰难的时刻，若不给自己信心、勇气和力量，就会让自己碰得头破血流。心宽了，就可以越过去，越过去了，就会觉得一切都无所谓了。

自己是自己的敌人，自己也是自己的主宰。打败自己的是自己，战胜自己的也是自己。心宽了，就会容忍。一个人什么都容忍了，天大的事也只是小菜一碟。

为什么要心宽？不心宽是与自己过不去呀！为什么要不心宽呢？不心宽的话，不是气死自己就是忧死自己，这样的人生也就失去了意义。

心宽了，没有什么不可以接受，也没有什么不可以忍受。有些人，虽胜犹败；也有些人，虽败犹胜；更有些人，是带着胜利者的姿态的失败人。容忍一些人去做不合情理的事，这是妥协吗？你看过把不合情理的事做尽的人到头来得到了什么？他得到的终究被统统收回！

不吃一堑，不长一智。岁月是水，终究磨掉了许多棱角，冲刷了许多污垢。坎坎坷坷的遭遇，会使我们渐渐地明白我们究竟需要什么。与我们最需要的东西比起来，其他的必将是不重要的。既然不重要，我们会与之斤斤计较吗？包括不公、不平和不正！所以，我们要始终相信天地有正气，真心是道场，因而尝试着学会心宽。

学会心宽，是不想让自己去承受别人的遗憾，只要心中无憾，才活得轻松啊！我们也许无法去改变身外的一切，但我们必须成为自己的主人。只有学会了心宽，才能够说服自己。那些带给别人苦难的人是罪过的。与罪过比起来，我们应该更乐意接受苦难。

活着，不心宽也得心宽。人生短暂，哪能有太多力气去与不值得的人计较！心宽了，一切也就云淡风轻。只因到头来，一切都是过眼云烟。

心宽路也宽，心宽天地广。为何不心宽？天地本已广！

 身边的榜样

"天空宽容每一片遮掩它的云朵，于是天空出现了绚丽的朝霞；贝壳宽容每一粒硌伤它的沙粒，于是贝壳中闪亮出耀眼的珍珠。"我们应本着"勿以善小而不为"的精神，从热爱周围的人——父母、兄妹、邻居、老师、同学、旅途上偶然相识的伙伴，热爱周围的环境——教室、校园、家乡的山水、所在的城市街道、自己的宿舍大楼开始，做一个有爱心的、宽容的人。

81班龙俊同学从小懂得感恩，在家里经常帮助父母做力所能及的事。父亲不幸遇难后，他更是利用假期帮助母亲承担起家庭的重任。在学校，他常念老师培育之情，非常珍惜与同学的同窗之谊，对同学特别宽容。他积极努力地协助老师工作，为同学们服务，时常怀着一个博大胸怀去关心每一个同学。他在81班任班长，在同学中间威望很高，而他能获得这样的威望，就是因为他用自己的宽容博大的心去对待每一位同学。当然，在学习中，他更是勤奋、刻苦，加班加点。他是母亲眼中的好孩子，老师眼中的好学生，同学眼中的好班长。2011年高考中，他没有辜负母亲、师长的期望，以612分的成绩被"985"高校吉林大学录取。

本周计划

一、本周课程计划

科目	内　容	完成情况		
		好	中	差

二、本周行动计划

序号	计划做到的事情	结果评价		
		好	中	差
1				
2				
3				
4				
5				
6				
7				
8				
9				
10				

学习小组成员的肯定与提醒：

签名：_____

综合素质写实记录

项目	名称	时间	地点	过程	效果
思想品德					
学业水平					
身心健康					
艺术修养					
社会实践					

自查自省

1. 本周满意的事：

----

2. 本周欠圆满的事：

老师的评价与建议

1. 责任教师的话：

签名：_____

2. 班主任检查：

签名：_____

期 中 小 结

学业成绩	科目 成绩	语文	数学	外语	物理	化学	生物	政治	历史	地理
半期收获										
半期需要改进之处										
成长体验										
学习小组评价										

持之以恒才能成功

一个人只要强烈地坚持不懈地追求，他就能达到目的。——［法］司汤达

李时珍为整理药物和药方，一方面博览古代医学典籍，吸取各家的精华，做了满满几箱子的笔记。另一方面周游四方，进行实地调查。当时交通极为不便，李时珍只能用毛驴代步。他到过江苏、江西、安徽、湖南、广东等地，访问了各行各业的劳动者。归来以后他投入编纂、撰文、描图和刻书等艰苦细致的工作。经过 30 个春秋终于完成了皇皇巨著《本草纲目》。这部著作收载了 1892 种药物，1116 幅附图和 1 万多个药方。

坚强的意志具有多么巨大的创造力量啊！没有持之以恒的精神很难想象能完成如此巨著。我国北魏时期的贾思勰的《齐民要术》、郦道元的《水经注》、北宋沈括的《梦溪笔谈》、明代宋应星的《天工开物》、徐霞客的《徐霞客游记》和徐光启的《农政全书》等也都花费了大量的时间，没有持之以恒的毅力都是不能实现的。

一位画家老师，弟子们看到他的作品都很佩服，弟子们向他请教捷径，他说："十年磨一剑。宝剑锋从磨砺出，梅花香自苦寒来。"须要有持之以恒的探索精神，不畏劳苦、百折不回。

我国古代大诗人李白，有一次，与朋友在山间小路游玩时，李白看见小溪边一位老婆婆拿着一根粗铁棒在大石头上用力地磨。

李白十分奇怪，走上前去问道："老婆婆，你在磨什么？"

老婆婆回答说："我要把它磨成一根针。"

李白十分惊讶地说："这么粗的铁棒要磨成针，得磨到什么时候啊？"

老婆婆笑着说："铁棒虽粗，但是只要我天天磨，就会越磨越细，还怕磨不成针吗？"这个故事告诉我们：只要持之以恒，任何困难的事都有希望获得成功。

当然，在做一件事的时候，不可避免地会遇到一些失败，但只要我们能够坚持，失败终究会被我们击倒的。只要我们能正视失败，就一定会取得成功。

"人贵有志，学贵有恒"这个道理是千百年来人类在不断的实践中总结出来的。它深刻地阐明人最可贵的是有志向，而学习最难得的就是有持之以恒的精神。

世上无难事，只怕有心人，无论做什么事情都不能"半途而废"，都要有"持之以恒"的心态，这样才会把事情做得更完美，才能获得人生的成功。

恒心和毅力就是抱一守终，就是死心塌地。我们的事业之梦，常常封锁在环境的橱柜里，被时间之神保护着，因此要以全部的生命力与它搏斗，以胜利者的姿态夺过来，使它成为日常生活中不可缺少的东西，直到生命的最后一刻。

孔子说："善人，我没有见到，但是曾经见到过有恒心的人，这也够了；把没有当作有，把虚当作盈，这样的人很难有恒心。"孔子又说："恒心大，没有错处，意志坚定，同时利也就来到了。"又有人说："凡是事业的成功，在于有恒心；凡是事业的失败，就是没有恒心。所以做人立业，贵在守住恒心等待成功。"抱一守终，必有所得。

 身边的榜样

2015级文科208班的石林伟刚进入边高的时候很不适应新的环境。第一次考试就在班上排在了倒数。这让初中时成绩优异的他备受打击，变得灰心丧气。但他并未就此沉沦，自我反省后，伤心彷徨的他决定重拾行囊，再次出发。调整好自己的心态后，他制定了周密的学习计划。课堂上，他认真听课，做好笔记；课后，他积极去复习巩固，然后抽出时间去看书、预习、做课外作业……付出终会有收获，一点点的积累夯实了基础，学习成绩像上楼梯一般渐渐升高！每天枯燥的学习，频繁的考试，让他感到奋斗的快乐。高二因备考学业水平考试，每天过关检查叫人压力山大，但在老师鼓励下，他一刻也不懈怠地坚持做好每一件事。

他坚信：不经历风雨，怎能见彩虹？没有谁能随随便便成功。他常说："以三年的苦和泪换来一辈子的甜美。一分耕耘，一分收获，就算暴风袭来，我们也要拍拍胸脯，勇敢面对。"

 本周计划

一、本周课程计划

科 目	内　　容	完成情况		
		好	中	差

二、本周行动计划

序号	计划做到的事情	结果评价		
		好	中	差
1				
2				
3				
4				
5				
6				
7				
8				
9				
10				

学习小组成员的肯定与提醒：

签名：＿＿＿＿＿＿＿＿＿

项目	名称	时间	地点	过程	效果
思想品德					
学业水平					
身心健康					
艺术修养					
社会实践					

自查自省

1. 本周满意的事:

2. 本周欠圆满的事：

老师的评价与建议

1. 责任教师的话：

签名：_____

2. 班主任检查：

签名：_____

心灵加油站

放下空想，立即行动

吾尝终日不食，终夜不寝，以思，无益，不如学也。——孔子

东汉时期，有个叫陈蕃的人，年轻时独处一室，日夜攻读，苦练内功，欲干出一番大事业。

突然有一天，他父亲的朋友薛勤来访，只看到庭院荒芜，杂草丛生，纸屑满地，满目萧然。便问他："你这小子为什么不洒扫庭院来接待客人啊？"陈蕃回答道："大丈夫处世，应当治国平天下，区区一个院子有什么好打扫的呢？"薛勤叹了一口气，说道："你连一个庭院都不愿意打扫，那又怎么能治国平天下呢？"

是啊，一心想着做大事而不从身边的小事情做起，这样的人又怎么会成功呢！没有用行动来逐步实现理想，那就是空想、妄想。追求理想的实际行动是理想信念的应有之义。理想不是一种封闭的精神状态，而是一种全身心的投入，总要通过行动来得到体现。离开了实际行动，理想也就不能再称之为理想了。只有行动才能使理想化为现实。正如马克思所说：思想本身不能实现什么，为此还需要掌握实践力量的人。美好的理想若是停留在头脑中和口头上，那它只能是一种不结果实的花朵。学习中的你能否得到成功，也并不是看你有没有理想，而要看你主观上是否有为追求理想而付出的实际行动。理想再伟大，如果不去落实，永远只能是空想。那么，你在面对自己的理想时，应该怎样做呢？

成功在于树立理想，更在于以行动施行。做一件事，如果你鼓足勇气开始做了，就会发现做一件事最大的障碍往往来自自己内心的恐惧和懦弱，一旦突破了这道坎，不断地做下去，你就会发现你离理想越来越近。也许，在刚开始的时候，你会为此而困惑，甚至遇到很多的挫折，感觉前途渺茫。但是，当你一直不停地坚持做下去时，你就会发现，理想其实并不遥远，同时你也会对自己将要做的事有一个清晰的思路，那么，成功就展现在你的面前了。

有一句话，叫做：心动不如行动。行动永远是第一位的。坐着不动是永远也赚不到钱的，坐着不动也是永远成不了事业的，这的的确确是堪称世界上最简单的道理。不论是运用你的大脑，还是运用你的体力，你一定要"动"起来才行。

行动是治愈懒惰的良药，而犹豫、拖延将不断滋养恐惧。再长的路，一步步也能走完，再短的路，不迈开双脚永远无法到达。

行动能克服畏难情绪。跳伞员在跳下前总是有些害怕的，克服这种畏难情绪的办法就是：立即跳伞。

同理，克服早上怕起床的办法是"立即起床"；克服怕背英语单词的办法是"立即去背英语单词"；克服怕学数学的办法就是"立即去做数学题"等。克服这些情绪的办法就是"立即行动"。

行动能增长意志。许多事情在开始前往往是心中无数的。随着行动的深入，随着困难的克服，自己的能力提高了，意志坚强了，也就变得胸有成竹了。行动能优化心境。当你做完一件事后，心中的愉快也是难以言喻的。

无论多好的想法，只有变为行动，才有力量。畏难的学科只有去接触、去学习，才会变成喜爱的学科。勇敢地迈出第一步，成功就在前头。

 身边的榜样

2011届毕业的彭毅同学，中考成绩只有638分，语文和英语的基础非常差，高一时没有能进入民族团结班。看着民族团结班的良好学风，他没有做一个临渊羡鱼者，而是立即行动，从最基础的知识一步步踏踏实实地积累，终于在高二分科时进入了88班。每当他觉得英语难学、语文难记之时，就立即拿出英语、语文来学习，并且抓紧一点一滴的时间，把自己对大学的向往落实在立即行动之中。其他各科亦是如此。数学有题目不懂，他立即就去做它；物理有实验没弄清，他立即就去向老师请教……立即行动，成了彭毅同学学习的法宝。通过不断的努力，在2011年高考中，彭毅同学的语文获得了113分，英语135分，理科综合285分，最后以档案分687分的成绩被北京大学录取。

 本周计划

一、本周课程计划

科目	内　　　容	完成情况		
		好	中	差

二、本周行动计划

序号	计划做到的事情	结果评价		
		好	中	差
1				
2				
3				
4				
5				
6				
7				
8				
9				
10				

学习小组成员的肯定与提醒：

签名：

项目	名称	时间	地点	过程	效果
思想品德					
学业水平					
身心健康					
艺术修养					
社会实践					

自查自省

1. 本周满意的事：

2. 本周欠圆满的事：

- -

- -

- -

- -

老师的评价与建议

1. 责任教师的话：

- -

- -

- -

签名：- - - - - - - - - - - -

2. 班主任检查：

- -

- -

- -

签名：- - - - - - - - - - - -

♥ **心灵加油站**

战胜自卑，全力以赴

人应该谦逊，但不能自卑。——［美］姚乐丝·卡内基

大诗人李白在《将进酒》中吟道："天生我材必有用！"这是何等豪迈的气概！心理学家读到此句的时候，肯定还会再加上一句：这是何等的自信！现代社会充满竞争，同时也常有机遇，尝试成了现代人相当时髦的人生信条。每当人们走向新的挑战之前，总会向挑战者或竞争者显示：天生我材必有用，这次胜利非我莫属！但是，在人生舞台上，有些人却低声哀叹：天生我材……没用。这种自卑的"自白"与自信者产生了强烈的反差：自信者相信自己的力量，竭力去做人生舞台上的主角；自卑者则认为自己没有能力，只适合当观众。自卑是个人由于某些生理缺陷或心理缺陷及其他原因而产生的轻视自己、认为自己在某个方面不如他人的情绪体验，表现在交往活动中缺乏自信，想象失败的体验较多。自卑是影响交往的严重的心理障碍，它直接阻碍了一个人走向群体，与其他人交往的积极性。

自卑是人生最大的跨栏，每个人都必须成功跨越才能到达人生的巅峰。

当你还是孩童的时候，"自卑"这个神秘的怪物就开始跟随着你，一步一步地侵蚀你的勇气和信心，你会担心同伴看不起你，存心隔离你、孤立你；当你读书的时候，你会怀疑自己的能力，总觉得自己的能力逊人一筹，虽经不懈努力，成绩还是不能拔尖。于是你就自暴自弃，放任自流，你开始害怕见到老师，在同学面前抬不起头，渐渐地你变得孤僻、不合群；当你步入社会，你会无端猜测别人对你不怀好意，埋怨领导对你不器重，感叹世态炎凉，社交缺乏勇气，见陌生人就脸红、心跳、惶惶不安，以至于回避社交，不敢见人；当你出来工作的时候，你会觉得处处有压力，样样不顺心，面对困难你会无从下手、无所适从。

自卑常常在不经意间闯进我们的内心世界，控制着我们的生活，在我们有所决定、有所取舍的时候，向我们勒索着勇气与胆略；当我们碰到困难的时候，自卑会站在我们的背后大声地吓唬我们；当我们要大踏步向前迈进的时候，自卑会拉住我们的衣袖，叫我们小心地雷。自卑会让你面对一次偶然的挫败就垂头丧气，一蹶不振，将自己的一切否定，你会觉得自己一无是处，窝囊至极，甚至会掉进自责自罪的旋涡。自卑就像蛀虫一样啃噬着你的人格，它是你走向成功的绊脚石，它是快乐生活的拦路虎。而全力以赴则是一种积极主动的精神，是一种不畏艰难的态度，是战胜自卑的有力武器。

即使没有黑鲸的庞大、白鲨的凶猛、珊瑚的奇丽，你仅仅是一枚不起眼的贝壳，请你全力以赴，静心采集日月之精华、天地之灵气，让一粒砂在你的身体中饱受痛苦，最终成为一颗珍珠。即使没有鳄鱼的凶猛、海鸥的矫捷、海豚的聪明，你仅仅是一只懵懂的小海龟，请你全力以赴，从蛋中钻出来，爬上沙滩，又奋力地向大海爬去，无畏地直面死亡和恐惧。当你纵身投向大海怀抱的那一刻，会幸福地感到这一片天地也是属于你的。即使没有天鹅的仙姿、燕子的亲情、蜗牛的安逸，你仅仅是一只翅膀稚嫩的雏鹰，在你被折断翅膀赶出巢后，在你从悬崖顶到地面一落千丈面临毁灭之际，请你全力以赴，展翅奋飞，否则等待你的将是残废或死亡。

猎狗追捕一只被主人猎枪伤了右腿的野兔，竟然没逮着。悻悻回家，被狗哥们儿一顿奚落。猎狗听了很不服气地辩解道："我已经尽力而为了呀！"再说兔子带着枪伤成功的逃生回家了，兄弟们都围过来惊讶地问它："那只猎狗很凶呀，你又带了伤，是怎么甩掉它的呢？"兔子说："它是尽力而为，我是全力以赴呀！它没追上我，最多挨一顿骂，而我若不全力以赴地跑，可就没命了呀！"

身边的榜样

吴琪，2011届89班学生，小时候掉入火坑身体烧伤，父母对他的学习也不够关注，于是他非常自卑，而自卑又使得他性格孤僻。不少人遇到吴琪同学类似的遭遇都会意志消沉，从此过上得过且过的日子。但是吴琪同学并没有就此消沉，他觉得没有朋友的天空是灰色的，没有理想的人生是虚度的，决心做一个受人欢迎的人。要想成为一个受欢迎的人，唯一的办法就是使自己优秀起来。苏轼诗云："腹有诗书气自华。"知识使人美丽，知识使人可爱。吴琪觉得，搞好学习，提高成绩，以硬实力赢得大家的欢迎。于是他刻苦钻研，不懂就问，上课全神贯注，作业一丝不苟，勤于思考，善于归纳总结，到高中二年级一期时，就以较好的成绩进入民族团结班。同学们也开始关注他，有问题也乐于问他，乐于同他讨论，他也乐于解答，他渐渐有了许多朋友，人也变得开朗起来，学习进步得更快了，2011年高考时他以620分的高分考入四川大学。

本周计划

一、本周课程计划

科 目	内　　容	完成情况		
		好	中	差

二、本周行动计划

序号	计划做到的事情	结果评价		
		好	中	差
1				
2				
3				
4				
5				
6				
7				
8				
9				
10				

学习小组成员的肯定与提醒：

签名：＿＿＿＿＿＿＿

项目	名称	时间	地点	过程	效果
思想品德					
学业水平					
身心健康					
艺术修养					
社会实践					

自查自省

1. 本周满意的事：

2. 本周欠圆满的事：

老师的评价与建议

1. 责任教师的话：

签名：_____

2. 班主任检查：

签名：_____

♥ 心灵加油站

警惕"破窗"心理

一个人知道了自己的短处，能够改过自新，就是有福的。——［英］威廉·莎士比亚

心理学上有一个著名的"破窗效应"理论。

这一理论来源于1969年美国斯坦福大学心理学家菲利普·辛巴杜进行的一项实验：他找来两辆一模一样的汽车，把其中的一辆停在加州帕洛阿尔托的中产阶级社区，而另一辆停在相对杂乱的纽约布朗克斯区。停在布朗克斯的那辆，他把车牌摘掉，把顶棚打开，结果当天就被偷走了。而放在帕洛阿尔托的那一辆，一个星期也无人理睬。后来，辛巴杜用锤子把那辆车的玻璃敲了个大洞。结果呢，仅仅过了几个小时，它就不见了。

以这项实验为基础，政治学家威尔逊和犯罪学家凯琳提出了"破窗效应"理论。如果有人打坏了一幢建筑物的窗户玻璃，而这扇窗户又得不到及时的维修，别人就可能受到某些心理暗示，纵容自己去打烂更多的窗户。

对于人们心理上的这一特点，西班牙哲人巴尔塔沙·葛拉西安曾经说过这样一段话："很多人都有个坏习惯，就是对自己身上的某些'累赘''包袱'常常视而不见。然而，当你意识到它们已成为你的障碍，想要摆脱的时候，又常常由于其过多、过大而难以摆脱。完好的东西，大家都维护它，而破的东西，再破一些也无妨。"

但愿我们不要有巴尔塔沙·葛拉西安所说的那种坏习惯，但愿我们能够克服"破窗理论"所揭示的心理局限。然而，在现实生活中，常会遇到这样一些人，他们身上有些缺点令人讨厌：他们或爱挑剔、喜争执，或小心眼儿、好忌妒，或懦弱猥琐，或浮躁粗暴……这些缺点不但影响着他们的事业，而且还使他们不受人欢迎，无法与人建立良好的人际关系。

许多年过去了，这些人的缺点仍丝毫未改。细究一下，他们心地并不坏，他们的缺点未必都与道德品质有关，只是他们缺乏自省意识，对自身的缺点放任自流、太麻木了，对自己破罐子破摔。

我们都知道，除了自己，没有人能够对我们自身的进步和成功肩负起根本性的责任。然而现实生活中那些破罐子破摔的人自己首先就放弃了自我完善与提升的重要责任，这就使得无论周围的环境或其他人如何支持，这些人最终都不可能取得成功。

如果你是这些人中的一位，那么你最好从现在开始，时常关注一下自我，以便改正缺点，为未来打下良好的基础。

发现自身缺点，并且及时予以改正，从而使自己不断得到进步和提升，这才是人们进行自我反省的重要意义。如果只懂得反省，只懂得发现错误和问题，却不加以改正，反而使这些问题变本加厉，那么就失去了检讨应有的意义。

石吴容同学是边城高级中学 2014 届文一班学生，她以 628 分的高考成绩考入 985 全国重点大学四川大学。进入四川大学的考生都会这样说："能进入四川大学的学生都是考生中的佼佼者。"花垣的学子也这样说："能进入边高的学子都是花垣的尖子生。"这是石吴容同学自豪的感言。也就是说她有初衷、有目标。没有目标的生活，就像轮船驶过海峡却看不见灯塔，谁会知道，那漫天的灿烂星光，哪颗会指引你去往正确的航向？

诚然，石吴容同学进入高三时，就确定一个目标——考上 985 大学。那时候，她把目标贴在课桌的左上角，天天提醒自己。在书本的扉页告诫自己，在内心叮咛自己：我一定要考上 985 大学。她高三的学习生活总是激情澎湃、热血沸腾。

她把目标分解到各个环节，精细化地安排高三的每一天。比如，每天会有一些自习课和早晚自习，这是能够自己安排的时间，她就根据当天和第二天的排课情况，安排在某节自习时应该做完什么作业——不过前提是你已经完成了老师当天的作业任务；再比如，在规定的时间学完一些内容后，再完成某节内容的复习。每天语文除常规任务外背诵三则素材和一首诗歌，英语除常规任务外识记15~20 个生词，做一篇阅读理解题、一篇完形填空题。数学做一节练习，文科综合刷一版选择题，语文再做一篇诗歌鉴赏，英语做一篇新题型，如果再有多余时间则用于数学。当然这些具体的目标需要坚持，也需要时时调整，最忌盲从，这样才能拥有更明确的方向，看到更准确的进步，收获更多的信心。

本周计划

一、本周课程计划

科 目	内　　　容	完成情况		
		好	中	差

二、本周行动计划

序号	计划做到的事情	结果评价		
		好	中	差
1				
2				
3				
4				
5				
6				
7				
8				
9				
10				

💬 学习小组成员的肯定与提醒：

签名：_____

综合素质写实记录

项目	名称	时间	地点	过程	效果
思想品德					
学业水平					
身心健康					
艺术修养					
社会实践					

自查自省

1. 本周满意的事：

2. 本周欠圆满的事：

_____

_____

_____

_____

老师的评价与建议

1. 责任教师的话：

_____

_____

_____

签名：_____

2. 班主任检查：

_____

_____

_____

签名：_____

♥ 心灵加油站

走出阴霾

风雨过后，总会有彩虹；而阴霾过后，总会晴朗。人生就是如此，困境自然可怕，我们无法改变困境，但我们可以改变自己，用坚持点燃心中的希望之光，照亮前行的路，黑暗之后必然是璀璨的煦日，保持一颗韧心，我们必将会走出困境，走出阴霾。

我们这一生不知不觉陷入一种境地，不断在赌自己的命运，赌自己的自信，赌自己的得失，甚至赌自己的幸福。赌赢了，一笑而过，日子风轻云淡。赌输了，泪水泡着，煎熬度过一段黯然苦痛的光阴；就算伤痛，总有伤口愈合的时候。这世间，人是最隐忍的生灵，在一次次磨炼中日渐变得坚强，从弱不禁风的小草，蜕变为参天的大树。应该感谢那些伤害我们的人，是他们的残忍让我们变得如此坚强，让我们积聚了生存的力量；还要感谢命运赋予的坎坷，令我们更加珍惜生命中的拥有。

人生短短数十载，有生的日子，又何苦难为了自己。是我的我会珍惜，不是我的不会去强求。心存自信满满，时光从来经转不息，它不会因为我们所遇的波折和声声的惋叹而停下脚步。当光阴中的生机再现，春风会沐渡世间每一个角落，谁都不会被隔在季节的门外。卸下背负的沉重行囊，轻装前行吧！挥手和过去做一个淡然的告别吧！不必频频去回首。

让我们在这个温暖明媚的季节播下希望的种子，安然等待幸福的收获之期。于爱情，亲情，友情，我们如此善良真挚，总有不渝的情感会一直陪伴身边。面对一些必然的得失，并不是我们的对错决定的结果，已然这样，不想再去追问谁是谁非。经历多了，我们会渐渐发现其实自己远远比想象中坚强。走出一段阴霾的时候，挥别昔日的纷繁，抬头望望晴朗的天空，日子风轻云淡，依然从容。

生活为我关上一扇门，就一定会为我们打开一扇窗。不为繁华绚烂，只为清平中的寂寞相守，只为彼此用心的经营，才会有那份真心的懂得。拨开缠绕心头的凌乱，一切没人能替我们承受，只有我们自己。

终不外是尘间烟火熏染，即使我们不惹事，事也会来惹我们。我们无法逃避，唯有积极地去面对、去迎刃，用最正确的方法去解决，才会获得最终的释然。蓦然明了，追寻的完美，只是无法触及的幻影，美丽、妖娆，却感觉不到温度。一个真心的爱人，一份平淡中的相守，生活的无味，日子的枯燥，这样看似简单的，却也是最难恪守的。执子之手，与子偕老，不知需要多少年，一本生存的经卷，才可以把沧桑读成淡泊。我们只是天涯中的芳草，而非百花丛中的牡丹，满目绚烂灼热了心怀，而忽略了暖暖阳光的温柔抚爱，平淡就好。

只要悲痛不是一个接着一个，生活便都是可以好好珍惜，当你置身痛苦的时候，只要坚持下去，你就会发现从前的痛苦，对于你的一生，将是一颗宝贵的珍珠！

痛苦的滋味固然难以令人承受，但是当它真正降落到我们面前的时候，只有勇敢地面对，并坦然接受。痛苦在折磨一个人的同时，往往使其意志愈加坚强，生活积累愈加丰厚，没有经历痛苦的人生，是不完整的人生。

当我们走出痛苦的阴霾，迎来灿烂朝阳的时候，就会惊喜地发现，那些曾经的痛苦已经凝成一颗珍珠，在我们的手中，熠熠生辉！

走出阴霾，迎接挑战，不要让阴霾遮蔽了我们的眼睛而使脚步放缓或驻足不前，拨开它会发现前方风景更美丽。

走出阴霾，走出阴影，明天会更好。

 身边的榜样

麻春梅，边城高级中学 2009 届 48 班的学生，自 2013 年陕西师范大学毕业后就回母校担任物理教师。边高校园内的花草树木，同学们的生活日常，总能勾起麻春梅老师三年在边高学习的点滴回忆。她说她当年也跟现在的学弟学妹们一样，天天上课、写作业、定期考试。

起初，她的考试成绩不是很稳定，这对初中一直都名列第一的她打击很大。特别是进入高三，与一批当年没考好而选择复读的同学较量时，名次退居四五十，这令其心灰意冷，她心中的大学梦也就此破灭了！那段时间里，她常在内心深处埋怨世道的不公，她觉得与同级同学比拼已很费力了，为什么还允许有复读生？她怎么可能比得过多读一年书的他们？这高考不公平啊！但转念一想，若放弃一直的努力又有些不甘心，为了找回内心的平衡，她鼓足了勇气去找班主任求助。班主任听了她的述说，笑着说道："做最好的自己就行了，与别人的比较只能作为参考，不能惧怕别人的优秀成绩而放弃自己长年的努力。好好分析试卷，问一下自己，本次考试成绩对得起考前复习的努力了吗？"班主任的寥寥数语，令她幡然醒悟，也就此改变了她评价人生的态度，让她从心理的阴霾中走了出来。是的，我们现在能做的，就是做最好的自己。走出心理的迷雾，就是一片灿烂的阳光！

 本周计划

一、本周课程计划

科　目	内　　容	完成情况		
		好	中	差

科 目	内　　容	完成情况		
		好	中	差

二、本周行动计划

序号	计划做到的事情	结果评价		
		好	中	差
1				
2				
3				
4				
5				
6				
7				
8				
9				
10				

学习小组成员的肯定与提醒：

签名：_____

综合素质写实记录

项目	名称	时间	地点	过程	效果
思想品德					
学业水平					
身心健康					
艺术修养					
社会实践					

自查自省

1. 本周满意的事：

2. 本周欠圆满的事：

老师的评价与建议

1. 责任教师的话：

签名：------------------

2. 班主任检查：

签名：------------------

♥ **心灵加油站**

自尊·自胜·自强

如果他是一棵软弱的芦草，就让他枯萎吧；如果他是一个勇敢的人，就让他自己打出一条路出来吧。——［法］司汤达

自尊，自胜，自强，是一个循序渐进的过程。自尊是前提，自胜是关键，自强是目的。要达到自强，首先要做到自尊，有自尊才有自胜。老子曾说："胜人者有力，自胜者强。"意思是说，能够战胜别人的只能叫做有力，而能够战胜自己的人才算强者。有的人能够战胜自己，有的人却不能战胜自己；有的人能够在一时一事战胜自己，却不能时时处处战胜自己，关键就是自尊的定力不大，耐力不持久。

一个人可以没有荣誉和鲜花，但不能没有自尊。不管别人是否尊重你，你自己首先要尊重自己。因为自尊是一个人的脊梁，是一个人生命最根本的体现。自尊是无畏的气概，是一个人必须具备的操守。它提供给生命的不只是一种依托，一种凭借，一种支撑，而是永远的充实，永远的能量，永远的精神动力。只有做到了自尊，才能涌起自胜的冲动，才能产生冲天的豪气，才能激起无穷的力量，变被动为主动，化腐朽为神奇。司马迁受宫刑而作《史记》，孙膑刖足而血凝兵书，吴运铎身残志坚把一切献给党，张海迪高位截瘫自强不息成为时代的巨人……自尊就是人生杠杆上不可缺少的支点，自尊也是胜利道路上永不熄灭的圣火，它可以坚守自己的意见和独立的人格，有着明确的奋斗目标和人生走向。钱学森为何5年归国路，10年两弹成，成为中华民族知识分子的典范？闵恩泽何以燃烧自己，照亮能源产生，为中国制造催化剂？方永刚为什么不忘自己的使命，在信仰的战场上，保持冲锋的姿态？孟祥斌又是如何在这个价值观容易迷失的社会里，用一次辉煌的陨落，换回另一个生命的再生？所有的答案都只有两个字：自尊！

如果说自尊是一面鲜明的旗帜，独树一帜在人类精神和灵魂的制高点上永远飘扬的话，那么，自胜就是一面出征的战鼓，始终擂响在人生的每一次征程里，激人奋进，催人前行。因为战胜自己既是一种素质，也是一种能力；既是一种修养，也是一种境界；既是一种风范，也是一种情操；既是一场战斗，也是一次战役。战胜自己，就能开拓创新，勇往直前，就能在纷繁复杂的境地里伸展自如，就能在波浪起伏的征程中规范人生轨迹，就能在物欲横流的社会里把握自己的命运。一句话，战胜自己就能获得幸福和成功。

2014年，文1班的向秋菊同学以684分的成绩夺得湖南省高考文科第二名，被北京大学录取。向秋菊同学是一个自尊、自胜、自强的榜样。在向秋菊的同学中，经常有人说别的学校的同学如何如何厉害，甚至有一些成绩排在全年级前面的同学也因此对自己没有信心，老是觉得自己虽然在边高也还不错，可是与教育发达地区相比就未必也优秀了。但秋菊同学信奉一句话："君子忧己弱而不忧敌强。"她始终坚信，只有自强才是战胜对手的唯一武器。于是她保持良好的心态，高昂的斗志。态度决定一切！她不在乎别人有多厉害，她认识到每个人都不一样，每个人都有自己的优缺点，而学习就是不断强化优点，弥补缺点，让自己强大起来。她认认真真地完成老师布置的各项任务，紧紧跟着各科老师指引的方向走，强化知识点，形成知识体系，终于取得成功！她说："最重要的是要勤奋、踏实地学习，不投机取巧。全力以赴地做最好的自己，就是成功。"

本周计划

一、本周课程计划

科目	内　　容	完成情况		
		好	中	差

二、本周行动计划

序号	计划做到的事情	结果评价		
		好	中	差
1				
2				
3				
4				
5				
6				
7				
8				
9				
10				

学习小组成员的肯定与提醒：

签名：_ _ _ _ _ _ _ _ _ _ _ _

综合素质写实记录

项目	名称	时间	地点	过程	效果
思想品德					
学业水平					
身心健康					
艺术修养					
社会实践					

自查自省

1. 本周满意的事：

2. 本周欠圆满的事：

老师的评价与建议

1. 责任教师的话：

签名：

2. 班主任检查：

签名：

♥ 心灵加油站

承担

要使一个人显示他的本质，叫他承担一种责任是最有效的办法。

——［英］威廉·萨默塞特·毛姆

有间庙宇，被盖在一座大湖中央，大湖一望无际，庙中供奉着传说中菩萨戴过的佛珠链子。庙里只有一艘小舟供和尚出外补给用，外人无路接近，把佛珠链子放在湖中庙，更显佛珠链子的珍贵。

庙里，住着一位老师父，带着另外几位年纪较轻的和尚修行，和尚们都期望能在这个山清水秀的灵境中修炼，加上菩萨链子的庇佑，早日完成修道。这几位和尚一直潜心修炼，直到有一天老师父召集他们说："菩萨链子不见了！"

和尚们都难以置信，因为庙中唯一的门二十四小时都会由这几位和尚轮流看守，外人根本进不来，佛珠链子不可能不见，和尚们议论纷纷，因为他们都从和尚变成嫌犯。

老师父安慰这群和尚，说他并不在意这件事情，只要拿的人能够承认犯错，然后好好珍惜这串佛珠链子，老师父愿意将链子送给喜欢的人。所以老师父给他们七天时间静思。

第一天没有人承认，第二天也没有。但是原来互敬共处的和尚们，因为多了猜疑，彼此间已不再交谈，令人窒息的气氛一直持续到第七天，还是没有人站出来。

老师父见没有人承认便说："很高兴各位都认为自己是清白的，表示你们的定力已够，佛珠链子不曾诱惑得了你们，明天早上你们就可以离开这里了，修行可以告一段落。"

隔天早上，为了表示自己的清白，和尚们一大早就背着行囊，准备搭舟离开，只剩一个双眼失明的瞎和尚依然在菩萨面前念经，众和尚心中松了一口气，因为终于有人承认拿了链子，让冤情大白。老师父一一向无辜的和尚道别后，转身询问瞎和尚："你为什么不离开？链子是你拿的吗？"瞎和尚回答："佛珠掉了，佛心还在，我为修养佛心而来！"

"既然没拿，为何留下来承担所有的怀疑，让别人误会是你拿的？"师父问到。

瞎和尚回答："过去七天中，怀疑很伤人心，自己的心，还有别人的心，需要有人先承担才能化解怀疑。"老师父从袈裟中拿出传说中的佛珠链子，戴在瞎和尚的颈子上："链子还在，只有你学会了承担！"

身边的榜样

　　龙林生,2012届理科98班学生。父母都是农民,从小受父亲的影响,对知识的重要性认识很深刻,学习一直非常刻苦,对老师也非常尊敬。他酷爱读书,既深研教材,也读名人传记,报纸杂志等。在学校组织的考试中,他的成绩一直保持在年级的前四名,多次被学校评为"学习标兵"并获得"一等奖学金"。高中期间,获得全国中学生实验操作能力竞赛三等奖,中学生英语能力竞赛一等奖。

　　龙林生把林肯说过的一句话作为自己的座右铭:"每一个人都应该有这样的信心:人所能负的责任,我必能负;人所不能负的责任,我亦能负。如此,你才能磨炼自己,求得更高的知识而进入更高的境界。"他在日记本中写道:"作为高中生,应该承担起自己的责任。对自己负责,学会求知,学会生活;对家庭负责,学会感恩,孝敬父母;对他人负责,学会做人,诚实守信;对社会负责,学会沟通,学会奉献。"

本周计划

一、本周课程计划

科　目	内　　容	完成情况		
		好	中	差

二、本周行动计划

序号	计划做到的事情	结果评价		
		好	中	差
1				
2				
3				
4				
5				
6				
7				
8				
9				
10				

💬 学习小组成员的肯定与提醒：

_____

_____

签名：_____

项目	名称	时间	地点	过程	效果
思想品德					
学业水平					
身心健康					
艺术修养					
社会实践					

自查自省

1. 本周满意的事：

2. 本周欠圆满的事：

老师的评价与建议

1. 责任教师的话：

签名：_____

2. 班主任检查：

签名：_____

 心灵加油站

细数快乐，遗忘悲伤

害怕痛苦的人已经在承受他所害怕的痛苦了。——[法]蒙田

当你觉得悲伤比快乐要多的时候，你遗忘了身边的快乐；当你觉得快乐比悲伤要多的时候，你遗忘了悲伤。细数快乐，遗忘悲伤，活着开心就好，悲伤就让它随风逝去。

遇到难过的事情，伤心一会儿就好了，别让自己继续沉溺在悲伤之中。沉浸在悲伤的情绪中时，往往会渐渐放大悲伤带来的疼痛。你会就此走进了沼泽，挣扎得越厉害就陷入得越深。

生活并非只有悲伤，还有许多快乐。只是你常常驻足在那些难过的事情上，遗忘了去寻找、保持、享受那些能够给你带来快乐的事情。也许你常常希望每天都能开开心心、事事如意，然而偏偏生活总是和你开玩笑，让你遇到这样那样的烦恼和压力，让你根本快乐不起来。

不要等着别人给你送来好心情，好心情是自己给的。那些经常面带微笑，一点儿小事就能开心半天的人并不是生活一帆风顺，他们也会遇到困难或是悲伤。但是为什么他们能够一直笑着呢？因为在他们看来，比起把时间花在流泪叹气上面，努力寻找快乐，让自己笑起来更加有用。毕竟泪水流得再多，也于事无补，倒不如积极地面对。这看上去有些欺骗自己的意味，但是能让自己心情轻松一些就够了。幸福的人不是比别人拥有更多幸福，而是他们懂得把不快乐的事情变成幸福。

你的身边、你的记忆里都有很多快乐的事情等着你去发现和享受，不开心的时候就细数快乐，尽快遗忘悲伤。背对悲伤，朝着快乐迈步，想要收获快乐的果实，首先要播种快乐的种子。

身边的榜样

石贤敏是2015级理科203班的学生，她是一个文静的女孩，但却拥有强大的内心。石贤敏同学学习十分刻苦踏实。她信奉伏尔泰的一句话："使人疲惫的不是远方的山，而是鞋子里的一粒沙子。"所以，她经常会停下脚步，倒掉学习和生活中的"沙子"。每次当她在学习上遇到困难，或者考试没考好的时候，她从不紧张和焦虑，总是会回头反思自己的学习方法哪里出了问题，还有哪些地方的学习没有落实。然后放下包袱，快快乐乐地踏上新的征程。在生活中，她也总是保持一种乐观的心态，从来不会因为一些不如意的小事而悲伤。有时遇到不开心的事，她也总是能用欢乐去冲淡它，然后丢掉不快，轻装前行。她经常说："人生不可能一帆风顺，一定会有一些坎坎坷坷，如果我们经常因这些不愉快的事而伤心，那我们的人生就会充满灰色。我一定要开开心心地过好每一天。"

本周计划

一、本周课程计划

科目	内　　容	完成情况		
		好	中	差

二、本周行动计划

序号	计划做到的事情	结果评价		
		好	中	差
1				
2				
3				

序号	计划做到的事情	结果评价		
		好	中	差
4				
5				
6				
7				
8				
9				
10				

学习小组成员的肯定与提醒：

签名：_____

综合素质写实记录

项目	名称	时间	地点	过程	效果
思想品德					
学业水平					
身心健康					
艺术修养					
社会实践					

自查自省

1. 本周满意的事：

2. 本周欠圆满的事：

老师的评价与建议

1. 责任教师的话：

签名：_____

2. 班主任检查：

签名：_____

感恩的心

不管一个人取得多么值得骄傲的成绩，都应该饮水思源，应该记住是自己的老师为他们的成长播下了最初的种子。——［法］居里夫人

史蒂文斯失业了，一切来得那么突然。这是一个软件业的战国时代，每天都有新公司诞生，也有老公司消失。失业的时候，史蒂文斯的第三个儿子刚刚降生。后来，有一家软件公司招聘程序员，待遇不错，史蒂文斯满怀希望地赶过去。

应聘的人很多，经过简单交谈，公司通知他一个星期后参加笔试。凭着过硬的专业知识，史蒂文斯轻松过关，两天后参加面试。面试的问题让他措手不及，关于软件业未来的发展方向，他从来没有认真思考过。

应聘失败，可他感觉收获不小，觉得有必要写封信，以表感谢之意。他提笔写道："贵公司花费人力物力，为我提供笔试、面试机会，使我大长见识，获益匪浅。"

这是一封奇特的信，落聘的人毫无怨言，竟然还给公司写来感谢信，总裁看了，一言不发。

新年即将来临，这一天，史蒂文斯收到一张精美的贺卡："尊敬的史蒂文斯先生，如果您愿意，请和我们共度新年。祝您新年快乐！"

贺卡是软件公司寄来的。原来，上次招聘的一个员工离职，出现空缺，他们不约而同地想到了史蒂文斯。那家公司就是美国微软，十几年后，凭着出色的业绩，史蒂文斯当上了副总裁。

以感恩的心态面对一切，你会发现，机会往往出现在不经意间。

看完这个故事后，在网上找到这样几段话，可以作为故事的结尾：

感谢伤害你的人，因为他磨炼了你的心志；

感谢藐视你的人，因为他觉醒了你的自尊；

感谢欺骗你的人，因为他教导了你的自立；

感谢绊倒你的人，因为他助长了你的智慧。

只要我们时时怀着一颗感恩的心去面对生命中的坎坷和艰辛，无论有多大的风雨，无论有多少艰难，我们都可以勇敢地去面对，去挑战，永不放弃。当然，我们更没有理由不珍惜自己的生命，不热爱自己的事业。

有这样一句话："所谓幸福，是有一颗感恩的心，一个健康的身体，一份称职的工作，一位深爱你的爱人，一帮信赖的朋友。"在诠释幸福的众多涵义中，"感恩的心"当之无愧居于首位。人从有了生命的那天起，便沉浸在恩惠的海洋里，人的一生得到过太多人的帮助，人生有太多需要感谢的人！所以，必须学会感恩！

身边的榜样

　　廖璐，是 104 班的学生，他具有勤奋踏实、刻苦钻研的学习精神。他讲究学习方法，学业成绩提升很快；他性格开朗，自信大方，亦静亦动，有着同龄人应有的阳光心态；他乐于帮助同学，热爱生活，关心身边的人，懂得感恩，懂得回报，在生活中与老师、同学关系融洽，待人友善。为此他连续几学期被评为校"三好学生"。他兴趣广泛，爱好钢琴、吉他和文学，喜欢打羽毛球、乒乓球等，热衷于户外体验，经常登山、踏青，开阔了视野，填补了书本知识的空白，提升了文化修养。

本周计划

一、本周课程计划

科 目	内　　容	完成情况		
		好	中	差

二、本周行动计划

序号	计划做到的事情	结果评价		
		好	中	差
1				
2				
3				
4				
5				
6				
7				
8				
9				
10				

💬 学习小组成员的肯定与提醒：

签名：_ _ _ _ _ _ _ _ _ _ _ _

项目	名称	时间	地点	过程	效果
思想品德					
学业水平					
身心健康					
艺术修养					
社会实践					

自查自省

1. 本周满意的事：

2. 本周欠圆满的事：

- -

- -

- -

- -

老师的评价与建议

1. 责任教师的话：

- -

- -

- -

签名：- - - - - - - - - - -

2. 班主任检查：

- -

- -

- -

签名：- - - - - - - - - - -

♥ 心灵加油站

经历磨难，才能发出炫目的光彩

钢是在烈火和急剧冷却里锻炼出来的，所以才能坚硬和什么也不怕。我们的一代也是这样的在斗争中和可怕的考验中锻炼出来的，学习了不在生活面前屈服。

——［苏联］尼·奥斯特洛夫斯基

鉴真大师刚进入空门时，寺里住持让他做了没人愿意做的行脚僧。一天已日晒三竿了，鉴真依旧大睡不起。住持感到非常奇怪，于是推开鉴真的房门，见床边堆了一大堆破破烂烂的瓦鞋。

住持叫醒鉴真问："你今天不外出化缘，堆这么一堆破瓦鞋做什么？"

鉴真打了个哈欠说："别人一年一双瓦鞋都穿不破，我刚剃度一年多，就穿烂了这么多的鞋子。"

住持明白了，微微一笑说："昨天夜里下了一场雨，你跟我到寺前的路上走走看看吧。"

寺前是一段黄土坡，因刚下过雨，路面泥泞不堪。

住持拍着鉴真的肩膀说："你是愿意做一天和尚撞一天钟，还是想做一个能光大佛法的名僧？"

鉴真回答："想做名僧。"

住持捻须一笑："你昨天是否在这条路上走过？"

鉴真说："当然。"

住持问："你能找到自己的脚印吗？"

鉴真非常不解地说："昨天这路又干又硬，哪能找到自己的脚印？"

住持又笑笑说："如果今天我们在这路上走一趟，你能找到你的脚印吗？"

鉴真说："当然能了。"

住持听了，微笑着拍拍鉴真的肩说："泥泞的路才能留下脚印，世上芸芸众生莫不如此啊。那些一生碌碌无为的人，不经历风雨，就像一双脚踩在又干又硬的大路上，什么也没有留下。"

鉴真方才幡然醒悟。

的确，只有在风雨中走过的人，才知道痛苦和快乐究竟意味着什么。那泥泞中留下的两行印迹，就证明着他们的价值。一个人，如果没有经历过风雨，就不会见到胜利的彩虹。彩虹在每一个人的心中，都是最无瑕、最美丽的，它是天使的化身。我们只有不断磨炼自己，才能看到最美丽的彩虹。

冰心说："成功的花，人们只惊慕它现时的明艳，然而当初它的芽儿，浸透了奋斗的泪泉，洒遍了牺牲的血雨。"

人生道路上，当我们每个人面对不幸时都不能一蹶不振，因为我们都有可能在改变心态后，握住生命的任何一根链条。生活是我们自己的，我们的命运也掌握在自己的手中，我们的心态、我们的选择，就决定了我们人生的方向。

身边的榜样

　　习惯养成好性格，性格决定命运。2015级文科208班的彭麟斐同学深刻地感受到了这句话的巨大力量。在学习上，她努力做到心中有数，即有计划性，每天都要明晰每个时段该做的事，不管是因为客观因素还是主观因素没有完成，都要及时补上。其次，她非常注重学习效率，不断探索适合自己的学习方法。她认识到，在高二这个时段，最重要的莫过于踏实和坚持。她深信卡夫卡的一句话："努力想得到什么东西，其实只要沉着镇静，实事求是，就可以轻易地、神不知鬼不觉地达到目的。而如果过于使劲，闹得太凶，太幼稚，太没有经验，就哭啊，抓啊，拉啊，像一个小孩子扯桌布，结果却是一无所获。"她相信，只有踏踏实实地尽最大的努力去实现一件事，才能改变现实，实现自己的梦想。

 本周计划

一、本周课程计划

科　目	内　　容	完成情况		
		好	中	差

二、本周行动计划

序号	计划做到的事情	结果评价		
		好	中	差
1				
2				
3				
4				
5				
6				
7				
8				
9				
10				

学习小组成员的肯定与提醒：

签名：＿＿＿＿＿＿＿

项目	名称	时间	地点	过程	效果
思想品德					
学业水平					
身心健康					
艺术修养					
社会实践					

自查自省

1. 本周满意的事:

2. 本周欠圆满的事：

老师的评价与建议

1. 责任教师的话：

签名：_____

2. 班主任检查：

签名：_____

成长的感悟和体验

　　同学：一个学期即将结束，我们成长的脚步又走过了人生的一小段路程。回首一个学期来的努力和奋斗，我们一定会有一些感悟和体验，总结过去是为了更好地开创未来，请写下你的感悟和体验。

通 知 书

尊敬的家长：

感谢您对学校工作的理解和支持！特向您汇报学生本期情况。为了让学生度过一个健康、愉快、平安的假期，保证下学期顺利开学，现将有关事项通知如下：

一、放假及开学时间：

本学期定于　　　　年　　月　　日开始放假。

下学期定于　　　　年　　月　　日返校报名，并于当晚开始上晚自习，　月　日（农历　月　日）正式上课。

二、假期要求：

1．学校要求学生放假后应直接回家，不得在途中逗留、玩耍，遇到紧急情况，及时报警。

2．注意日常安全，不要独自外出游玩。遵纪守法，远离黄、赌、毒、黑、邪，不沉溺于网吧。

3．学生在家应认真复习功课，完成各科假期作业；积极参加规定时间内的社会实践活动；开学时凭《通知书》和假期作业报名，一并交《社会实践活动记录表》与《社区服务记录表》。

三、请家长配合：

1．学生在校必须统一穿校服，请家长做好安排，保证在校有校服穿与换洗。

2．规范学生仪容仪表，不留长发，不得染发、烫发，不得佩戴首饰（如耳环、耳钉等），入学前督促学生自觉整理规范，仪容仪表符合学生身份。

3．严禁学生带手机入校，如因特殊原因需要带手机，请家长向班主任申请，并于星期一至星期五期间由班主任代为保管，双休日由班主任发给学生。如违反规定，一经发现，将没收手机。

4．加强教育与管理，督促学生自觉学习，参加力所能及的劳动，督促学生假期参加7~10天的社会实践活动，2.5天的社区服务，并填写调查报告。学校根据学生社会实践活动、社区服务情况进行学分认定。

四、下期预计收费（具体以物价部门核定标准为准）

年级	高一年级	高二年级	高三年级
预计收费			

五、学生综合素质评价表

姓　名		班　级	
出勤情况	迟到　　次，病假　　次（共　　天），事假　　次（共　　天），旷课　　次。		
思想品德			

1. 学业水平

科目	模块	成绩	模块	成绩	学期成绩
语文					
数学					
英语					
政治					
历史					
地理					
物理					
化学					
生物					
学习表现与优势学科情况					

2. 身心健康

身高		体重		视力		
身体锻炼习惯情况，体育运动特长与比赛成绩情况，卫生习惯情况，心理健康情况						

3. 艺术素养

艺术兴趣情况，参加艺术活动情况，艺术特长与获奖情况	

4. 社会实践

班级活动与社团活动，生产劳动、军训，参观学习、社会调查、科技创新等校内外社会实践活动情况	

5. 教师评语

6. 家长意见

边城高级中学学生假期社会实践活动记录表

姓　　名		年　　级		班　　级	
活动时间	至	活动地点		指导教师	
小组长		小组成员			
主　题					
活动目的					
活动项目					
实践活动 总结 （可附页）					
实践单位 意见	签名：　　　　　　　　　　　　　　　　　年＿＿月＿＿日				
指导教师 意见	签名：　　　　　　　　　　　　　　　　　年＿＿月＿＿日				
活动评价	A等：优秀　B等：良好 C等：合格　D等：不合格		等级评定		
学分认定		政教处 验收	（签章）　　　　　　　年＿＿月＿＿日		

边城高级中学学生社区服务记录表

姓名		年级		班级	
服务对象	名称				
	地址				
	电话				
服务内容					
活动时间					
社区评价	社区（签章）： 年　　月　　日				
家长意见					
学生签名		等级评定			
学分认定		团委 验收	（签章） 年　　月　　日		

我的成长

高二下学期

♥ 心灵加油站

跨越恐惧的藩篱

虽然世界多苦难，但是苦难总是能战胜的。——[美] 海伦·凯勒

勇敢的思想和坚定的信念是治疗恐惧的天然药物，勇敢和信心能够中和恐惧，如同在酸溶液里加一点碱，就可以破坏酸的腐蚀力一样。

对此问题，我们不妨多加了解一下。

有一个文艺作家对创作抱着极大的野心，期望自己成为大文豪。美梦未成真前，他说："因为心存恐惧，我是眼看一天过去了，一星期、一年也过去了，仍然不敢轻易下笔。"

另有一位作家说："我很注意如何使我的心力有技巧、有效率地发挥。在没有一点灵感时，也要坐在书桌前奋笔疾书，像机器一样不停地动笔。不管写出的句子如何杂乱无章，只要手在动就好了，因为手到能带动心到，会慢慢地将文思引出来。"

初学游泳的人，站在高高的水池边要往下跳时，都会心生恐惧，如果壮大胆子，勇敢地跳下去，恐惧感就会慢慢消失，反复练习后，恐惧心理就不复存在了。

倘若很神经质地怀着完美主义的想法，进步的速度会受到限制。如果一个人恐惧时总是这样想："等到没有恐惧心理时再来跳水吧，我得先把害怕退缩的心态赶走才可以。"这样做的结果往往是把精力全浪费在消除恐惧感上了。

这样做的人一定会失败，为什么呢？人类心生恐惧是自然现象，只有亲身行动才能将恐惧之心消除。不实际体验，只是坐待恐惧之心离你远去，自然是徒劳无功的事。

在不安、恐惧的心态下仍勇于作为，是克服神经紧张的处方，它能使人在行动之中，获得活泼与生气，渐渐忘却恐惧心理。只要不畏缩，有了初步行动，就能带动第二、第三次的出发，如此一来，心理与行动都会渐渐走上正确的轨道。

有人说："心中的欲念越多，往往魔力越高，其实人就这样，当心无杂念，率性而为，就更容易成功。"这句话是有道理的。在人遇到困境时，会为自己筑起一道特别的"篱笆墙"，别人走不进来，自己也走不出去。这堵墙只会让自己本来姹紫嫣红的世界日益荒芜。尝试推翻这堵墙，说不准墙的另一面会有新发现，或许就有意想不到的收获。

高考中有这样一句话：得综合者得天下！意思是说综合科目涵盖的内容广，知识点多，不容易得高分。特别是文科综合的学习，很多人都以为文科综合只要死记硬背，这固然是片面的。但是文科综合虽然要求知识要能灵活运用，善于分析，却必须以积累有序取胜。很多同学都对文科综合有一种畏惧心理。126 班的石凌涛同学最初也有些怕文科综合，但他更知道如果不能克服对文科综合的畏惧心理，就不可能在高考中取得胜利。于是他给自己制定了一张学习任务表，贴在课桌上，严格要求自己，当天任务当天完成，绝不把当天的任务推到明天，绝不给自己找任何借口！正是这样，他熟读甚至背诵了文科综合三科教材，强化了三科基础知识，同时，他还经常与同学讨论，一起分享成功的经验；为了扩大视野，增强分析问题的能力，他还广泛收集有关资料……

　　2013 年高考的文科综合试题很难，全省文科综合平均得分比 2012 年低了近 20 分。而石凌涛同学当年文科综合却获得了较高的 240 分，其中选择题 35 道只错了 4 道，地理部分更是全对！最终他以 633 分的优异成绩被全国综合实力排名第三的浙江大学录取。

本周计划

一、本周课程计划

科目	内 容	完成情况		
		好	中	差

二、本周行动计划

序号	计划做到的事情	结果评价		
		好	中	差
1				
2				
3				
4				
5				
6				
7				
8				
9				
10				

学习小组成员的肯定与提醒：

签名：_____

综合素质写实记录

项目	名称	时间	地点	过程	效果
思想品德					
学业水平					
身心健康					
艺术修养					
社会实践					

自查自省

1. 本周满意的事：

2. 本周欠圆满的事：

_____

_____

_____

_____

老师的评价与建议

1. 责任教师的话：

_____

_____

_____

签名：_____

2. 班主任检查：

_____

_____

_____

签名：_____

 心灵加油站

坚持目标，就能够获得成功

有的人想做大事，却漫无目标，得过且过。这样的人肯定会有很多局限性而无法超越自我，难有大的突破和进展。实际上，凡是有"得过且过"心态的人，无不是给自己立了一堵墙，并依然忘我地在围墙之内沉醉。殊不知，这俨然是在耗费生命。

古希腊时，有两个同村的人，为了比高低，打赌看谁走得离家更远。于是他们同时却不同道地骑着马出发了。

一个人走了 13 天之后，心想："我还是停下来吧，因为我已经走了很远了。他肯定没有我走得远。"于是，他停了下来，休息了几天，调转马头返回家乡，重新开始他的农耕生活。

而另外一个人走了 7 年，却没回来，人们都以为这个傻瓜为了一场没有必要的打赌而丢了性命。

有一天，一支浩浩荡荡的队伍向村里开来，村里的人不知发生了什么大事。当队伍临近时，村里有人惊喜地叫道："那不是克尔威逊吗？"消失了 7 年的克尔威逊已经成了军中统帅。

他下马后，向村里人致意，然后说："鲁尔呢？我要谢谢他，因为那个打赌让我有了今天。"鲁尔羞愧地说："祝贺你，好伙伴。我至今还是农夫！"暂时满足的心态只能使你次人一等。生活中有多少人都是这样成为次人一等者的啊！

一个有计划、克服消极心态的人，一定会不辞任何劳苦，坚持不懈地向前迈进，他们从来不会想到"将就过"这样的话。

有些人常常对他人说："得过且过，过一把瘾吧！""只要不饿肚子就行了！""只要不被撤职就够了！"这种青年无异于承认自己没有生机。他们简直已经脱离了世人的生活，至于"克服消极心态"那更是想也不必想了。

打起精神来！它虽然未必能够使你立刻有所收获，或得到物质上的安慰，但它能够充实你的生活，使你获得无限的乐趣，这是千真万确的。

 身边的榜样

人生要面临无数次的选择，昨天的选择决定今天的结果，今天的选择决定明天的未来，一个好的选择就是成功的一半。而在这些众多选择之中，最重要的是不忘初心，坚持目标。

2010届77班的姚玉群，就曾经面临过很多次这样的选择，幸运的是，她始终坚持了自己的目标。在小学升初中的考试中，她以塔卧第一名的成绩考入永顺一中267班，却因为家境贫困不得不中途辍学。眼看自己考上大学，改变命运的目标就将付诸东流，她很不甘心。正在这时，她遇到曾经教过她的老师，老师让她考虑可以选择回母校继续就读。她答应了，结果她成了第一个也是唯一一个从一中回到母校的学生。三年之后，她又考上了永顺一中的高中。这时她又一次面临选择：是选择读一中，还是去读当时已经考上的中师？毕竟读高中需要一大笔花费，要承担考不上大学的风险。而中师既免费，又能直接分配工作。最终，她觉得还是应该坚持自己的目标，她选择了挑战高中，来到了有很多助学机会的边高。三年之后，在2010年高考中，她以604分的成绩考入华中师范大学，四年后毕业回到了美丽的边高任教英语。

如果不是当初坚持自己的目标，姚玉群同学就不可能考上大学，更不可能成为一名边高的教师。所以说，坚持目标，勇往直前，才能取得最后的成功！

 本周计划

一、本周课程计划

科　目	内　　容	完成情况		
		好	中	差

二、本周行动计划

序号	计划做到的事情	结果评价		
		好	中	差
1				
2				
3				
4				
5				
6				
7				
8				
9				
10				

学习小组成员的肯定与提醒：

- -

- -

- -

签名：_ _ _ _ _ _ _ _ _ _ _ _

项目	名称	时间	地点	过程	效果
思想品德					
学业水平					
身心健康					
艺术修养					
社会实践					

自查自省

1. 本周满意的事：

2. 本周欠圆满的事：

_____

_____

_____

_____

老师的评价与建议

1. 责任教师的话：

_____

_____

_____

签名：_____

2. 班主任检查：

_____

_____

_____

签名：_____

♥ 心灵加油站

培养良好习惯，塑造一个最好的"我"

一个人相信自己是什么，他就会是什么；一个人心里怎样想，他就会成为怎样的人。习惯决定命运，习惯改变命运。

在美国西部，有个天然的大洞穴，它的美丽和壮观出乎人们的想象。但是这个大洞穴一直没有被人发现，没有人知道它的存在，因此它的美丽也等于没有。有一天，一个牧童偶然发现洞穴的入口，从此，新墨西哥州的绿巴洞穴成为世界闻名的胜地。

据科学研究表明，我们每个人都有140亿个脑细胞，一个人只利用了肉体和心智能源的极小部分，若与人的潜力相比，我们只是半醒状态，还有许多未发现的"绿巴洞穴"。正如美国诗人惠特曼诗中所说：

我要比我想象的更大、更美

在我的，在我的体内

我竟不知道包含这么多美丽

这么多动人之处……

人是万物的灵长，是宇宙的精华，我们每个人都具有光耀生命的本能。为"生命本能"效力的就是人体内的创造机能，它能创造人间的奇迹，也能创造一个最好的你。

我们每个人心里都有一幅"心理蓝图"或一幅自画像，有人称它为"自我心像"。自我心像有如电脑程序，直接影响它的运作结果。如果你的心里想的是做最好的你，那么你就会在你内心的"荧光屏"上看到一个踌躇满志、不断进取的自我。同时，还会经常听到"我做得很好，我以后还会做得更好"之类的信息，这样你注定会成为一个最好的你。美国哲学家爱默生说："人的一生正如他一天中所设想的那样，你怎样想象，怎样期待，就有怎样的人生。"美国赫赫有名的钢铁大王安德鲁·卡内基就是一个能充分发挥自己创造机能的楷模。他12岁时由苏格兰移居美国，最初在一家纺织厂当工人，当时，他的目标是决心"做全工厂最出色的工人"。因为他经常这样想，也是这样做的，最后他果真成为全工厂最优秀的工人。后来命运又安排他当邮递员，他想的是怎样"做全美最杰出的邮递员"。结果他的这一目标也实现了。他的一生总是根据自己所处的环境和地位塑造最佳的自己，他的座右铭就是"做一个最好的自己"。

要做一个最好的自己，首先就必须培养良好的习惯。习惯是经过反复练习而养成的语言、思维、行为等生活、学习、工作方式。习惯一旦形成，就比较稳固，并具有自动化的性质。只要再接触相同的刺激，就会自然地出现相同的反应。也就是大家常说的"习惯成自然"。因而，好习惯使人终身受益，坏习惯使人终身受害。

研究发现：优秀生和中差生的生活、学习思维习惯有着很大的差别，优秀生学习动机较强，能自动按时完成学习，不拖欠。平时做作业也和考试一样认真。比如做数学作业，多半养成了"四对照"的习惯："题次、数据、单位、运算符号与书本对照；作业本与草稿对照；横式与竖式对照；计算时上、下式对照。"而且按时作息，珍惜时间；生活、学习有条理；……

其实，所有的成功者和失败者都在一些主要的习惯上存在差别。因而心理学家一再指出，要想变失败为成功：就必须"更新你的习惯"。

身边的榜样

习惯构成性格，性格决定命运。这句话充分说明了习惯对人的巨大的影响力。2013届130班的向硕静同学便是一名由良好习惯铸就的成功者。她小学读完五年级就跳级进入了初中，初中时她在同年级同学中年龄最小，学习成绩也不是特别突出。但是进入高一时，她便调整好心态，开始树立远大的人生目标，并积极地付出行动。在很快适应了高强度、快节奏的高中生活后，她按照"471有效学习策略"的要求自觉地培养了良好的学习习惯：课前预习走在老师的前面，课堂学习勤于思考、善于发现问题、主动质疑，课后则认真整理笔记，并在错题集中做详细的解析，每天下午放学后到阅览室阅读一篇课外文章……三年如一日，这些良好的学习习惯使她自己真正地成为了学习的主人，学习成绩一直名列前茅、稳中有升，在2013年高考中，以优异的成绩被中国人民大学录取。她的成功很好地诠释了良好习惯成就美好人生这句话。

本周计划

一、本周课程计划

科目	内　　容	完成情况		
		好	中	差

科目	内　　容	完成情况		
		好	中	差

二、本周行动计划

序号	计划做到的事情	结果评价		
		好	中	差
1				
2				
3				
4				
5				
6				
7				
8				
9				
10				

学习小组成员的肯定与提醒：

签名：_____

综合素质写实记录

项目	名称	时间	地点	过程	效果
思想品德					
学业水平					
身心健康					
艺术修养					
社会实践					

自查自省

1. 本周满意的事：

2. 本周欠圆满的事：

老师的评价与建议

1. 责任教师的话：

签名：_____

2. 班主任检查：

签名：_____

♥ 心灵加油站

合作，实现共赢

单个的人是软弱无力的，就像漂流的鲁滨孙一样，只有同别人在一起，他才能完成许多事业。

——［德］阿尔图·叔本华

在与人交往时，将你的心窗打开，不要吝啬心中的爱，因为只有爱人者才会被爱。当你孤独时，你会获得许多关于爱的美丽传说；当你陷入困境时，你会得到许多充满爱心的关怀和帮助。

有两个重症病人同住在一间病房里，房子很小，只有一扇窗子可以看见外面的世界。其中一个病人的床靠着窗，他每天下午可以在床上坐一个小时。另外一个则终日都得躺在床上。

靠窗的病人每次坐起来的时候，都会描绘窗外的景致给另一个人听。从窗口可以看到公园的湖，湖内有鸭子和天鹅，孩子们在那儿撒面包片，放模型船，年轻的恋人在树下携手散步，人们在绿草如茵的地方玩球嬉戏，头顶上则是美丽的天空。

另一个人倾听着，享受着每一分钟。一个孩子差点跌入湖里，一个美丽的女孩穿着漂亮的夏装……病友的诉说几乎使他感觉到自己亲眼目睹了外面发生的一切。

在一个晴朗的午后，他心想：为什么睡在窗边的人可以独享外面的风景呢？为什么我没有这样的机会？他觉得不是滋味，而且越是这么想，就越想换位子。这天夜里，他盯着天花板想着自己的心事，他的病友忽然惊醒了，拼命地咳嗽，一直想用手按铃叫护士进来。但这个人只是旁观而没有帮忙——他感到同伴的呼吸渐渐停止了。第二天早上护士来时，那人已经死去，尸体被静静地抬走了。

过了一段时间，这人开口问，他是否能换到靠窗户的那张床上。人们搬动他，将他换到了那张床上，他感觉很满意。人们走后，他用肘撑起自己，吃力地往窗外望……

窗外只有一堵雪白的墙。

如果这个人不起恶念，在晚上按铃帮助另外一个人，他还可以听到美妙的窗外故事。可是现在一切都晚了，他看到的是什么呢？不仅是自己心灵的丑恶，还有窗外的白墙——一堵冷漠的心墙。几天之后，他在自责和忧郁中死去。

一个人只有心存美的意象，才能看到窗外的美景。命运对每一个人都是公平的，窗外有土也有星，就看你能不能磨砺一颗坚强的心，一双智慧的眼，透过岁月的风尘寻觅到辉煌灿烂的星星。

现代社会，只有互惠互利，通力合作才能产生共赢。合作对于个人的成长和社会的进步都具有十分重要的作用。我们的生活一刻也离不开别人的劳动，一个人的能力是有限的，而合作能弥补个人能力的不足，有助于个人的成长；合作便于集思广益，促进工作、学习效率的提高。只有合作才能发展，个人的力量是渺小的，只有团队的强大才能更好地彰显自身的价值。所以，一人的错误可以影响整个团队，团队的所有成员善于合作、取长补短，这个团队才能不断向前。

怎么合作呢？首先，一个健康的合作集体，需要每个成员对公共事务多关心，少冷漠。每个人要愿意为学校、为班级、为小组贡献自己的才智和力量，这是合作的基础。其次，在合作中，要看到别人的长处，学会尊重别人的劳动成果。再次，在合作中也要善于发掘自己的闪光点，发挥自己的独特作用。

孔子说过："三人行，必有我师。"合作学习是同学之间互教互学、彼此交流知识的过程，也是互爱互助、相互沟通情感的过程，它能促进我们认知的发展，能提高合作、人际交往能力。所以，合作共赢是我们成功的途径。

 身边的榜样

"他山之石，可以攻玉，取他人之长，补自己之短"，这是 2011 届高 90 班吴桐常说的一句话。在她看来，交几个学科比较突出的同学为挚友，可以相互学习，共同提高。她的语文和文科综合较薄弱，每次月考均处在年级中等水平。她就经常与年级中语文和文科综合较好的同学交流学习心得，探讨学习方法。特别是高三第二学期，她坚持每天写一篇作文，让写作水平较高的同学帮她分析得失；请文科综合成绩好的同学帮助检查每天的过关情况，讲解综合题答题技巧，而她则给她们讲解数学和英语，几次月考下来，大家都提高不小，高考时，她的语文考出了 123 分，文科综合考出 246 分的好成绩，最终，她以 643 分全校文科第一名的成绩拿到了中国人民大学的录取通知书。

 本周计划

一、本周课程计划

科 目	内　　容	完成情况		
		好	中	差

科 目	内 容	完成情况		
		好	中	差

二、本周行动计划

序号	计划做到的事情	结果评价		
		好	中	差
1				
2				
3				
4				
5				
6				
7				
8				
9				
10				

学习小组成员的肯定与提醒：

签名：＿＿＿＿＿＿＿＿

综合素质写实记录

项目	名称	时间	地点	过程	效果
思想 品德					
学业 水平					
身心 健康					
艺术 修养					
社会 实践					

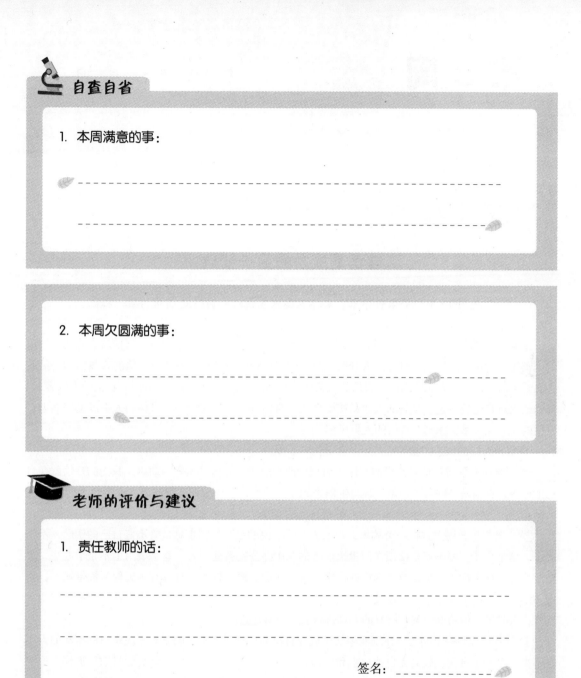

自查自省

1. 本周满意的事：

   -

   -

2. 本周欠圆满的事：

   -

   -

老师的评价与建议

1. 责任教师的话：

   -

   -

   签名：_ _ _ _ _ _ _ _ _ _ _ _

2. 班主任检查：

   -

   -

   签名：_ _ _ _ _ _ _ _ _ _ _ _

心灵加油站

自信是成功的第一秘诀

美国 19 世纪著名哲学家、文学家爱默生说过：自信是成功的第一秘诀。

克服自卑的最好方法是建立自信！因为只有自信才能释放人的各种力量。自信的人胆大，自信的人英勇，自信的人坦诚，自信的人开朗，自信的人乐观，自信的人豁达，自信的人热情，自信的人热爱生活，自信的人无所畏惧，自信的人快乐，自信的人容易接受自己的缺点，自信的人较客观，自信的人对自己较负责，自信的人较易接受现实，自信的人更富同情心，自信的人更具爱的能力，自信的人人际关系更深刻，自信的人更民主。

自信是人格的核心力量。

我们要往哪里找自信呢？我们不用像唐僧到西天取经一样历经无数的劫难，我们的自信就在自己的体内，自信是一种天赋，是一种与生俱来的自然力量，它与自我实现同属人性最伟大的潜能。

其实，在人生的舞台上，每一个人都是自己的主角。

莫小米先生曾讲过这样一个故事，很耐人寻味。说的是有位同事总是管不好自己的钥匙，不是丢了，就是忘了，要不就是反锁在门里边。他的 301 办公室就他一人，老是撬门也不是个办法，于是配钥匙时便多配了一把，放在 302 办公室。这下无忧无虑了好些时日。有一天他又没带钥匙，恰好 302 室的人都出去办事了，他又吃了闭门羹。于是他在 303 也放了钥匙，多多益善。最后就变成这样：有时候，他的办公室，所有的人都进得去，只有他进不去。

以上所述说明一个问题，在现实生活中放弃自己的权利，让别人的意志来决定自己生活的人实在不少。失去了自我，就失去自我追求和信仰，也就失去了自由，那自卑就会随时来压迫你，迫使你归入生活的阴暗里面去，最后变成一个毫无价值的人。人生最大的损失莫过于失掉自信。

还有个故事，说的是一位画家把自己的一幅佳作送到画廊里展出，他别出心裁地在画旁放了支笔，并附言："观赏者如果认为有欠佳之处，请在画上作记号。"结果画面上标满了记号，几乎没有一处不被指责。过了几日，这位画家又画了一张同样的画拿去展出，不过这次附言与上次不同，他请每位观赏者将他们最为欣赏的妙笔都标上记号。当他再取回画时，看到画面又被涂满了记号，原先被指责的地方，都换上了赞美的标记。

这位画家不受他人的操纵，充满了自信。正像林润翰先生所言，他"自信多而不自满，善听意见却不被其所左右，执著却不偏执"。

上面两个故事里的主人公，前者过高地估计了他人而过低地估计了自己，没有认识到自己拥有的能力和可能性，越是这样越觉得自己不行，觉得自己不行，就必然要依赖他人，受他人的操纵。

后者因为用正确的观点评价别人和看待自己，所以在任何情况下，都不会迷失，都会有完全的自信，永不会受他人操纵。

 身边的榜样

2013届117班的麻红艳同学是一名来自农村的女生，生性腼腆的她依靠自身的努力获取了自信，也获取了高考的胜利。且听她的自述：

刚进高中时，繁重的课程让我有点不适应。高中与初中的学习有着很大的区别。高一时分了学习小组，课堂上是自主学习，缺乏自信的我很少在课堂上发言，虽然也集中注意力去学习每一科，但结果却不尽如人意——在高二分科时未能进入民族团结班。刚开始有点不开心，但后来我觉得做什么都得靠自己，学习也是一样的，于是我加倍地努力。高二的压力很大，因为备考学业水平考试，每周都有很多的科目要进行过关检查。我按时把该过关的科目过完，然后抽出时间看书、做课外作业……付出就会有收获，我靠着自己一点点的积累，夯实了基础，提高了能力，学习比原来有了很大的进步！考上二本的自信也由此建立！转眼间已进入高三，高三的日子，每天都是枯燥的，频繁的考试，数次的失利让我失去了信心。但每次班主任找我谈话后又会让我重拾信心，也让我坚信"高考没到，我还有时间，我更应努力！"高考到了。我满怀信心，轻松地走进考场。每堂考试后我都面带微笑，因为我尽力了。结果，我被北方民族大学录取，这样的结果让我无比的开心！

是努力让我自信，是自信让我实现梦想。我考上的大学虽然很普通，但我仍会信心满怀地启程！

 本周计划

一、本周课程计划

科目	内　　容	完成情况		
		好	中	差

二、本周行动计划

序号	计划做到的事情	结果评价		
		好	中	差
1				
2				
3				
4				
5				
6				
7				
8				
9				
10				

学习小组成员的肯定与提醒：

签名：＿＿＿＿＿＿＿＿

项目	名称	时间	地点	过程	效果
思想品德					
学业水平					
身心健康					
艺术修养					
社会实践					

自查自省

1. 本周满意的事：

2. 本周欠圆满的事：

_____

_____

_____

_____

老师的评价与建议

1. 责任教师的话：

_____

_____

_____

签名：_____

2. 班主任检查：

_____

_____

_____

签名：_____

♥ 心灵加油站

命运永远掌握在自己手中

　　我无法驾驭我的命运，只能与它合作，从而在某种程度上使它朝我引导的方向发展。我不是心灵的船长，只是它闹闹嚷嚷的乘客。

——［英］奥尔德斯·赫胥黎

　　这个故事我读过好几次了，但每次读起来的含意都是不同的，其中蕴涵的哲学道理也是非常之深。

　　班里的一个同学因为各门功课都考得一塌糊涂，所以忧心忡忡，在哲学课上无精打采。他的异常引起了教授的注意，教授把他从座位上叫了起来，请他回答问题。教授拿起一张纸扔到地上，请他回答：这张纸有几种命运？

　　也许是惊慌，也许是心不在焉，那位同学一时愣住，好一会儿，他才回答："扔到地上就变成了一张废纸，这就是它的命运。"教授显然并不满意他的回答。教授又当着大家的面在那张纸上踩了几脚，纸上印上了教授沾满灰尘和污垢的脚印，然后，教授又请这位同学回答这张纸片有几种命运。

　　这下这张纸真的变成废纸了，"还有什么用呢？"那个同学垂头丧气地说。

　　教授没有说话，捡起那张纸，把它撕成两半扔在地上。然后，心平气和地请那位同学再一次回答同样的问题。我们被教授的举动弄糊涂了，不知道他到底要说什么。

　　那位同学也被弄糊涂了，他红着脸回答："这下纯粹变成了一张废纸。"

　　教授不动声色地捡起撕成两半的纸，很快，就在上面画了一匹奔腾的骏马，而刚才踩下的脚印恰到好处地变成了骏马蹄下的原野。骏马充满了刚毅、坚定和张力，让人充满遐想。最后，教授举起画问那位同学："现在请你回答，这张纸的命运是什么？"

　　那位同学的脸色明朗起来，干脆利落地回答："您给一张废纸赋予希望，使它有了价值。"教授脸上露出一丝笑容。很快，他又掏出打火机，点燃了那张画，一眨眼的工夫，这张纸变成了灰烬。

　　最后教授说："大家都看见了吧，起初并不起眼的一张纸片，我们以消极的态度去看待它，就会使它变得一文不值。我们再使纸片遭受更多的厄运，它的价值就会更小。如果我们放弃希望使它彻底毁灭，很显然，它就根本不可能有什么美感和价值了，但如果我们以积极的心态对待它，给它一些希望和力量，纸片就会起死回生。一张纸片是这样，一个人也一样啊。"

　　一张纸片可以变成废纸扔在地上，被我们踩来踩去，也可以作画写字，更可以折成纸飞机，飞得很高很高，让我们仰望。

　　一张纸片尚且有多种命运，更何况我们呢？命运如同掌纹，弯弯曲曲，然而无论它怎样变化，永远都掌握在我们自己的手中。

让我们来掌握自己的命运，别让干扰与诱惑，别让功名与利禄，来打翻我们这坛陈酿已久的命运之酒！在人生的旅途上，我们难免会遇上欢乐与忧愁，酸甜与苦辣，成功与挫折。也许我们曾经为此疯狂过，为此失意过，为此感叹过。但在这疯狂、失意、感叹之后，你是选择奋起直追，还是会不堪一击呢？

人的一生有许多曲曲折折，起起落落。这样的人生才有滋有味。倘若是浑浑噩噩地过一生，那么你就白来这世上一趟。因为曲折、起落是考验自己的试题。你掌握了命运，坚韧不拔，你就战胜了它。放弃了，你就成了它的奴隶。

滴水足以穿石。你每一天的努力，即使只是一个小动作，持之以恒，都将是明日成功的基础。所有的努力，所有一点一滴的耕耘，在时光的沙漏里滴逝后，萃取而出的成果将是掷地有声、众人艳羡的"成功之果"。

人生是一条没有尽头的路，不要留恋逝去的梦，把命运掌握在自己手中，艰难前行的人生途中，就会充满希望和成功！

磨难是人生最好的老师。玉不琢，不成器；铁不炼，不成钢。历经磨难，战胜挫折，造就人才。

古今中外的无数伟人，谁不是经历过风雨，才有一身的彩虹呢？司马迁在《报任安书》中写道："盖文王拘而演《周易》；仲尼厄而作《春秋》；屈原放逐，乃赋《离骚》；左丘失明，厥有《国语》；孙子膑脚，《兵法》修列；不韦迁蜀，世传《吕览》；韩非囚秦，《说难》《孤愤》；《诗》三百篇，大抵圣贤发愤之所为作也。"说的就是古代圣贤能取得超过常人的成就，是因为他们经历的磨难比别人多。曹雪芹在家破的痛苦中著成了《红楼梦》，鲁迅曾彷徨过，歌德、贝多芬还曾想自杀过，但他们都顽强地战胜了自己的消沉和软弱，通过自己的努力，最终都坚定地走向了真理。一句名言说得好："人的生命似洪水在奔腾，不遇着岛屿和暗礁，难以激起美丽的浪花"，越王勾践卧薪尝胆的故事早就成为后人逆境奋起的典范。

成功就是在磨难中造就的。

 身边的榜样

2011届93班石艳锐，这位来自麻栗场老寨村的低保户家庭的苗乡小妹，带着对大学的憧憬，满怀激情地走进边城高级中学的大门，她深知，自己的中考成绩全县排641名，要改变贫穷的命运，要实现自己的大学梦，只能靠自己的刻苦，把命运掌握在自己的手里。所以，高中三年，唯有努力努力再努力！在校期间，她把每天的学习任务画成一张表，贴在课桌上，要求自己每天按表上要求完成当天的任务，绝不把当天的事推到明天，正是这种不给自己任何借口的做法，使她的成绩日见增长，高考时她终于上了二本线，被怀化学院录取，拿着录取通知书，她感慨地说："今日事今日毕，不给自己留下偷懒的借口，把自己的命运牢牢掌握在自己的手里，这就是我成功的秘诀。"

 本周计划

一、本周课程计划

科 目	内　　　容	完成情况		
		好	中	差

二、本周行动计划

序号	计划做到的事情	结果评价		
		好	中	差
1				
2				
3				
4				
5				
6				
7				
8				
9				
10				

学习小组成员的肯定与提醒：

签名：_____

综合素质写实记录

项目	名称	时间	地点	过程	效果
思想品德					
学业水平					
身心健康					
艺术修养					
社会实践					

自查自省

1. 本周满意的事：

2. 本周欠圆满的事：

- -

- -

- -

- -

老师的评价与建议

1. 责任教师的话：

- -

- -

- -

签名：- - - - - - - - - - - -

2. 班主任检查：

- -

- -

- -

签名：- - - - - - - - - - - -

♥ 心灵加油站

保持乐观的心态

一切的和谐与平衡，健康与健美，成功与幸福，都是由乐观与希望的向上心理产生与造成的。

——［美］乔治·华盛顿

同样是人，会有截然不同的人生态度。不同的人生态度会造就完全两样的人生风景。乐观者能从低谷中看到希望，悲观者背向阳光，只看到了自己的影子。

悲观态度或乐观态度，是人类典型的也是最基本的两种倾向。

悲观者和乐观者在面对同一个事物和同一个问题时，会有不同的看法。下面是两个见解不同的人在争论三个问题：

第一个问题——希望是什么？

悲观者说：是地平线，就算看得到，也永远走不到。

乐观者说：是启明星，能告诉我们曙光就在前头。

第二个问题——风是什么？

悲观者说：是浪的帮凶，能把你埋葬在大海深处。

乐观者说：是帆的伙伴，能把你送到胜利的彼岸。

第三个问题——生命是不是花？

悲观者说：是又怎样，开败了也就没了！

乐观者说：不，它能留下甘甜的果。

突然，天上传来了上帝的声音，也问了三个问题：

第一个：一直向前走，会怎样？

悲观者说：会碰到坑坑洼洼。

乐观者说：会看到柳暗花明。

第二个：春雨好不好？

悲观者说：不好！野草会因此长得更疯！

乐观者说：好，百花会因此开得更艳！

第三个：如果给你一片荒山，你会怎样？

悲观者说：修一座坟茔！

乐观者反驳：不！种满山绿树！

于是上帝给了他们两样不同的礼物：给了乐观者成功，给了悲观者失败。

同样是人，会有截然不同的人生态度。不同的人生态度会造就截然不同的人生风景；同样是人，会因截然不同的世界观，导致截然不同的人生结局。

美国医生做过这样一个实验：让患者服用安慰剂。安慰剂呈粉状，是用水和糖加上某种色素配制的。当患者相信药力，就是说，当他们对安慰剂的效力持乐观态度时，治疗效果就显著。如果医生自己也确信这个处方，疗效就更为显著了。这一点已通过实验得到了证实。悲观态度是由精神引起而又会影响到组织器官，有一个意外的事故证明了这一点。一位铁路工人意外地被锁在一个冷冻车厢里，他清楚地意识到如果出不去，就会冻死。不到20个小时，冷冻车厢被打开，他已经死了，医生证实是冻死的。可是，人们仔细检查了车厢后发现，冷气开关并没有打开。那位工人确实死了，因为他确信，在冷冻的情况下是不能活命的。所以，在极端的情况下，极度悲观会导致死亡。一位乐观主义者总是假设自己是成功的，就是说，他在行动之前，已经有了85%的成功把握。而悲观主义者在行动之前，却已经认定自己是无可挽救的了。

保持乐观的一个秘诀就是热情。

热情是促进团队合作的润滑剂，是一个人品质的一种体现。

伟大人物对使命的热情可以谱写历史，普通的学生对学习的热情可以改变自己的人生。

在学习中，没有任何一个人愿意与一个整天萎靡不振的人打交道。在学习中提不起精神，不但会降低自己的学习效率，还会对他人产生负面的影响。

对于一个学生来说，热情如同生命，热情是学习的灵魂。

凭借热情，释放出你潜在的巨大能量，发展出你坚强的个性。

凭借热情，你可以把你枯燥无味的学习变得生动有趣，使自己充满蓬勃的生机。

凭借热情，可以感染你周围的人，让大家理解你，支持你。让你拥有良好的人际关系。

从现在开始，对学习倾注你火一般的热情吧！这样，你就能永远保持一颗乐观的心，再也没有什么事情能把你打倒！

 身边的榜样

伍舒悦，是一个为梦想而不断努力的女生。乐观的她，总是以微笑面对大大小小的磨难。在因成绩产生负面的情绪或在学习中感到疲倦时，她会以更加积极乐观的心态去调整自己，所以学习中的磕绊困倦全都不敢"打扰"她。生活中的她，总是以一种积极的心态为同学们带来快乐。有时候同学抑或朋友有了不高兴的事，她总是十分的真心地替他们排忧解难。伍舒悦同学经常说，身为学生，她给自己的定位是"爱学习，积极乐观，爱生活，兴趣广泛"，为了实现理想，她会以优秀学生的标准来要求自己，用积极的心态做好每一件事，在学习中不断强化、充实自己，在生活中不断磨炼自己。在2011年高考中，她以611分的好成绩考入了吉林大学。在大学，她继续以这种乐观的心态努力学习，最终被学校保送成为了一名研究生。

本周计划

一、本周课程计划

科目	内　　容	完成情况		
		好	中	差

二、本周行动计划

序号	计划做到的事情	结果评价		
		好	中	差
1				
2				
3				
4				
5				
6				
7				
8				
9				
10				

💬 **学习小组成员的肯定与提醒：**

签名：＿＿＿＿＿＿＿＿＿

综合素质写实记录

项目	名称	时间	地点	过程	效果
思想品德					
学业水平					
身心健康					
艺术修养					
社会实践					

🔬 **自查自省**

1. 本周满意的事：

2. 本周欠圆满的事：

老师的评价与建议

1. 责任教师的话：

签名：_____

2. 班主任检查：

签名：_____

 心灵加油站

要勇于突破自己

异想天开给生活增加了一分不平凡的色彩，这是每一个青年和善感的人所必需的。

——［俄］巴乌斯托夫斯基

有个顽童无意间在悬崖边的鹰巢里发现了一颗老鹰的蛋，他一时兴起，将这颗蛋带回父亲的农庄，放在母鸡的窝里，想看看能不能孵出小鹰来。

果然如顽童的期望，那颗蛋孵出了一只小鹰。小鹰跟着同窝的小鸡一起长大，每天在农庄里追逐主人喂饲的谷粒，一直以为自己是只小鸡。

某一天，母鸡焦急地咯咯大叫，召唤小鸡们赶紧躲回鸡舍内，慌乱之际，只见一只雄壮的老鹰俯冲而下，小鹰也和小鸡一样，四处逃窜。

经过这次事件后，小鹰每次看见在远处天空盘旋的老鹰身影，总是不禁喃喃自语："我若是能像老鹰那样，自由地翱翔在天上，不知该有多好。"

而一旁的小鸡总会提醒它："别傻了，你只不过是只鸡，是不可能高飞的，别做那种白日梦吧。"

小鹰想想也对，自己不过是只小鸡，也就回过头，去和其他小鸡追逐主人撒下的谷粒。

直到有一天，一位驯兽师和朋友路过农庄，看见这只小鹰，便兴致勃勃要教会小鹰飞翔，而他的朋友则认为小鹰的翅膀已经退化无力，劝驯兽师打消这个念头。

驯兽师却不这么想，他将小鹰带到农舍的屋顶上，认为由高处将小鹰掷下，它自然会展翅高飞。不料小鹰只轻拍了几下翅膀，便落到鸡群当中，和小鸡们四处找寻食物。

驯兽师仍不死心，再次带着小鹰爬上农庄内最高的树上，掷出小鹰。小鹰害怕之余，本能地展开翅膀，飞了一段距离，看见地上的小鸡们正忙着追寻谷粒，便立时停了下来，加入鸡群中争食，再也不肯飞了。

在朋友的嘲笑声中，驯兽师这次将小鹰带到悬崖上。小鹰用锐利的眼光往下看，大树、农庄、溪流都在脚下，而且变得十分渺小。待驯兽师的手一放开，小鹰展开宽阔的巨翼，终于实现了它的梦想，自由地翱翔于天际。

我们每个人都曾经如同小鹰一般，曾拥有过翱翔天际、悠游自在的美妙梦想。有趣的是，这些伟大的梦想，往往也就在周围亲友的一句句"别傻了""不可能"声中逐渐萎缩，甚至破灭。

就算侥幸遇上一位懂得欣赏我们的驯兽师，硬将我们带到更高的领域，往往我们也会像小鹰回头望见地上争食的鸡群一般，再次飞回地上，加入往日那个不敢梦想的群体里。可悲啊，那些在陈旧观念中安于现状的人们。

所以，我们要勇于突破自己的局限。用新的眼光去看世界，切莫在老的观念中沉湎，切莫让自己失去向上发展的勇气和动力。

身边的榜样

爱迪生说过，天才等于1%的灵感加上99%的汗水，这句话很多人都不怎么相信。李楠同学也一样，总觉得聪明是天生的，直到经历了一件事之后他才改变了这个观点。

李楠有一个同学叫张云飞，不但专业成绩好，还弹得一手好吉他，走到哪里都受人欢迎。李楠便心血来潮地跟他学吉他，然而没几下就放弃了，觉得自己不是那块料。张云飞笑着说："没有毅力怎么学吉他啊？"李楠无奈地说："有什么办法，我的手指头太短了，很多弦都按不到位，先天条件不允许啊。"正当他们争论不休的时候，忽然看见一位30多岁的男子，穿着破旧的大衣，领着一个六、七岁的小女孩。李楠说："不就是要饭的嘛，有什么看的？"话音未落，张云飞就打断了他的话："嘘……你看他的手。"这时，李楠才发觉，那乞丐的双手都断了，只有脚能运动。只见他用脚指头从坐椅下面勾出一把破旧吉他踩在地上，慢慢开始用脚指头拨弄起来，和着吉他的旋律唱了起来，他用脚趾扫弦，压弦，完全沉浸在了音乐声中，连曲子最后的几个尾音他都用脚指头扣了出来。现场一片热烈的掌声。张云飞问李楠："你还觉得你手指短吗？"李楠半天说不出一句话来……

于是李楠明白了一个道理：总是埋怨自己先天不足的人永远都不会有所作为，只有改变自己的人生态度才能改变人生高度，当你真心想要得到什么，并为之努力的时候，世界都会为你让路。没有人生来就是优秀的，每个人都有自己的短板和不足，如果不能下定决心去突破自己，那就永远都一事无成。从此，李楠改变了自己的人生态度，从不轻言放弃，不管多难都努力去突破自己的不足，最终在专业和文化成绩上都取得了成功。

本周计划

一、本周课程计划

科目	内 容	完成情况		
		好	中	差

科 目	内 容	完成情况		
		好	中	差

二、本周行动计划

序号	计划做到的事情	结果评价		
		好	中	差
1				
2				
3				
4				
5				
6				
7				
8				
9				
10				

学习小组成员的肯定与提醒：

签名：_____

综合素质写实记录

项目	名称	时间	地点	过程	效果
思想品德					
学业水平					
身心健康					
艺术修养					
社会实践					

自查自省

1. 本周满意的事：

2. 本周欠圆满的事：

老师的评价与建议

1. 责任教师的话：

签名：_____

2. 班主任检查：

签名：_____

♥ 心灵加油站

勤奋获得成功

勤奋就是成功之母。——茅以升

成功来自积极的努力，它从不自动上门。有些人以为只要想想机会就会降临，说什么"只有想不到，没有做不到"。这其实是误区，其结果是很糟糕的。

为了事业或学业的成功，一个成功者每天必须做些什么。如果你去了解那些成功的人，他们会告诉你，成功来自于坚持不懈的努力。

成功的人比起一般的人来，一定更能吃苦，更努力，更勤奋，而且，他们做得也比别人多。

如果他是一位成功的科学家，那么，在取得成功的过程中，他一定付出了艰苦的劳动，一定经过了无数次的失败。没有一个成功的人是不付出艰辛劳动的。

牛顿是世界一流的科学家。当有人问他到底是通过什么方法得到那些非同一般的发现时，他诚实地回答道："总是思考着它们。"还有一次，牛顿这样表述他的研究方法："我总是把研究的课题置于心头，反复思考，慢慢地，起初的点点星光终于一点一点地变成了阳光一片。"正如其他有成就的人一样，牛顿也是靠勤奋、专心致志和持之以恒才取得巨大成就的，他的盛名也是这样换来的。放下手头的这一课题而从事另一课题的研究，这就是他的娱乐和休息。牛顿曾说过："如果说我对公众有什么贡献的话，这要归功于勤奋和善于思考。"

另一位伟大的哲学家开普勒也这样说过："只有对所学的东西善于思考才能逐步深入。对于我所研究的课题我总是追根究底，想出个所以然来。"英国物理学家及化学家道尔顿（1766 – 1844）不承认他是什么天才，他认为他所取得的一切成就都是靠勤奋点滴积累而成的。约翰·亨特曾自我评论道："我的心灵就像一个蜂巢一样，看来是一片混乱，杂乱无章到处充满嗡嗡之声，实际上一切都整齐有序。每一点食物都是通过劳动在大自然中精心选择的。"

所以说，做到才能得到！《士兵突击》中有一句经典名言："不抛弃，不放弃。"说得多么豪情万丈，可是现实生活中又有几个人能做到？所以我更喜欢剧中702团团长王庆瑞说的一句话：想到和得到之间，还有一个词——做到。

有不少的同学在学习中也有了明确的目标，也有了周密的计划，也开始行动了，可就是实践中不能严格按要求做到，如打点折扣，如找个理由，等等。这样的行动就是没有做到。

那该怎么办呢？两个字：做到。

《中庸》中说："博学之，审问之，慎思之，明辨之，笃行之。""笃行"就是切实地力行，就是做到。

有梦想才会有奇迹，有努力才会有收获，有做到才会有得到。"做到"两个字很简单，可要真正"做到"又是很不简单的。所以，自己分内的事，要努力做到一百分。

每个人心里都长着花，一朵一朵的，可漂亮了。只要你努力做到，花朵就会尽情绽放。

启示：培养勤奋的工作态度是很关键的一环。一旦养成了一种不畏劳苦、敢于拼搏、锲而不舍的品质，无论我们干什么事，都能在竞争中立于不败之地。即使从事最简单的工作也少不了这些最基本的"品格"。

 身边的榜样

2010 年，65 班的阳群同学以 589 分的成绩被华中师范大学心理学院录取。教过阳群同学的老师对她的评价可总结为：听话，刻苦。

她不是一个特别聪明的孩子，但她始终坚持笨鸟先飞。她对学习有着一份近乎执着的信念，而这份信念来源于她小时候的一次短期辍学。大概是小学二三年级的时候，因为妈妈生病住院，家里没有钱给她报名，她只能在离学校不远处的田里一边打着猪草一边听着学校上课的铃声，内心既羡慕又伤心。她回忆说："记忆太深刻了，看着小伙伴们都高高兴兴地背着书包去学校了，我只能背着背篓去劳动，妈妈身体不好，想去读书的念头只能埋藏起来。"

直到妈妈的身体有了好转，她才得以重返课堂。于是她很珍惜得之不易的学习机会，在学习上遇到什么苦难都能够克服。尤其是在高中阶段，她心无旁骛，全力以赴，善用零碎时间进行学习。她习惯于一个人静静地思索，并不断地告诫自己——"有志者事竟成！"，追求高效的学习方法。对于弱势理科综合科目，她主动和班上的同学结成学习对子，提升自己的同时帮助他人。坚定的信念和不懈的努力让她最终在 2010 年的高考中获得了成功。

 本周计划

一、本周课程计划

科目	内　　容	完成情况		
		好	中	差

科目	内　　容	完成情况		
		好	中	差

二、本周行动计划

序号	计划做到的事情	结果评价		
		好	中	差
1				
2				
3				
4				
5				
6				
7				
8				
9				
10				

学习小组成员的肯定与提醒：

签名：＿＿＿＿＿＿＿＿＿＿

综合素质写实记录

项目	名称	时间	地点	过程	效果
思想品德					
学业水平					
身心健康					
艺术修养					
社会实践					

自查自省

1. 本周满意的事：

2. 本周欠圆满的事：

_____

_____

_____

_____

老师的评价与建议

1. 责任教师的话：

_____

_____

_____

签名：_____

2. 班主任检查：

_____

_____

_____

签名：_____

走自己的路也要听别人怎么说

开收谏之路，纳逆己之言。——傅玄

　　但丁的一句"走自己的路让别人说去吧"，在年轻人中掀起了一股叛逆的狂潮。于是，很多人在做事的时候不顾及别人的感受，只以自己的想法为准。人们很快给这种想法和行为下了一个定义：个人主义。

　　可能很多年轻人会觉得，没有人真正了解我，只有我自己最清楚我想要的是什么，没有人能够完全站在我的角度想问题，所以我没有必要让别人的观点来影响我的判断力。特别是一些取得了些许成绩的年轻人，当别人向他提出异议的时候，他往往会说："我就是这样做事情的。"

　　这种拒人于千里之外的行为，往往包含了一种自以为是的倾向。这样的思想倾向非常不利于个人发展，它常常会带来惰性、自满、不思进取等，阻碍我们的进步。

　　美国航天工业巨子休斯公司的副总裁艾登·科林斯曾经评价史蒂夫说："我们就像小杂货店的店主，一年到头拼命干，才攒那么一点财富。而他几乎在一夜之间就赶上了。"

　　史蒂夫22岁就开始创业，从赤手空拳打天下，到拥有2亿多美元的财富，他仅仅用了4年时间。不能不说史蒂夫是一个有创业天赋的人。然而史蒂夫却因为从来都独来独往，拒绝与人团结合作而吃尽了苦头。

　　他骄傲、粗暴，瞧不起手下的员工，像一个国王高高在上，他手下的员工都像躲避瘟疫一样躲避他，很多员工都不敢和他同乘一部电梯，因为他们害怕还没有出电梯之前就已经被史蒂夫炒鱿鱼了。

　　就连他亲自聘请的高级主管——优秀的经理人，原百事可乐公司饮料部总经理斯·卡利都公然宣称："苹果公司如果有史蒂夫在，我就无法执行任务。"

　　对于两人势同水火的形势，董事会必须在他们之间决定取舍。当然，他们选择的是善于团结员工，和员工拧成一股绳的斯·卡利，而史蒂夫则被解除了全部的领导权，只保留董事长一职。对于苹果公司而言，史蒂夫确实是一个大功臣，是一个才华横溢的人才，如果他能和手下的员工们团结一心的话，相信苹果公司是战无不胜的。可是他却选择了孤立独行，这样他就成了公司发展的阻力，才华越大，对公司的负面影响就越大。所以，即使是史蒂夫这样出类拔萃的老员工，如果没有团队精神，公司也只好忍痛舍弃。

　　这个讲究共赢的时代里，"没有完美的个人，只有完美的团队"，这一观点已被越来越多的人所认可。每个人的精力、资源有限，只有在协作的情况下才能达到资源共享。

单打独斗的年代已经一去不复返，只有虚心接受别人的意见，并且懂得与别人合作的人才能成就自己，并因此而获得双赢。所以，前进途中，不要只顾走自己的路，我们也要听听别人怎么说。

向他人学习，重新认识过去。日本经营之神松下幸之助叙述自己获得成功的理由时说：我获得成功，很大程度上是因为受到了上天的眷顾，他赐给我三个恩惠，让我受益无穷。

第一个恩惠，我家里很穷，穷得连饭都吃不上了。托贫穷的福，我从小就尝到了擦皮鞋、卖报纸等辛苦劳动的滋味，并以此得到了宝贵的人生经验。

第二个恩惠，从一出生，我的身体就非常孱弱。托孱弱的福，我得到了锻炼身体的机会，这使得我到老年也能保持健康的身体。

第三个恩惠，是我文化水平低，因为我连小学都没有毕业。托文化水平低的福，我向世界上所有的人请教，从未怠慢过学习。

贫穷、孱弱和低学历是许多人不进取、不成功的理由，却被松下构建成生命中受益无穷的恩惠。不管你过去怎么样，我们都可以通过向他人学习，重新构建自己的认识，重新认识我们的过去，化不利因素为有利因素，才能改变我们的未来。

凡是对人类有杰出贡献的人，都是善于学习的人，善于学习的人是一个谦虚的人，能接受批评的人，有自知之明的人。

身边的榜样

赵骏，边城高级中学2009届56班学生。进入高中之后，由于各科知识难度加大，加上思想比较放松，没有找到高中学习方法，他的学习成绩和名次逐渐下滑，不能融入同学们的"学习圈"，每一次数学考试都只能拿到65分左右。慢慢地，他也开始失去了兴趣，以前的"豪言壮语"也开始褪去，还说出了"走自己的路，让别人去说吧""不一定考大学才有出息"等自我安慰的话。

班主任发现了他身上存在的问题，找他沟通了近两个小时，他才意识到自己这样的态度是无法在高中取得突破的。这是他第一次在高中感受到了老师的关心和关注，于是决定奋起直追，哪怕学习成绩提不起来，也不能做个浑浑噩噩的人。

从此，他开始融入同学之中，慢慢地变成一个倾听者，开始注意别人的想法，开始学习别人的长处。制订好每天的学习计划，不断坚持。在学习过程中，哪怕没有什么效果，哪怕也感到苦累，他一直坚持着。他始终以"在平凡的世界里，我们注定不平凡"来勉励自己，高二第一次检测，数学取得了96分，高中以来第一次及格，他兴奋极了。当同学们都在讨论某某考了140多分的时候，只有他知道自己96分的意义。

高考之后，他是班里第一个拿到大学录取通知书的人，被教育部直属"211"院校西南大学录取，实现了自己的大学梦。高中的经历让他明白，我们固然要走自己的路，但很多时候，还必须要听别人怎么说，特别是听老师怎么说。

本周计划

一、本周课程计划

科目	内　容	完成情况		
		好	中	差

二、本周行动计划

序号	计划做到的事情	结果评价		
		好	中	差
1				
2				
3				
4				
5				
6				
7				
8				
9				
10				

学习小组成员的肯定与提醒：

签名：_____

综合素质写实记录

项目	名称	时间	地点	过程	效果
思想品德					
学业水平					
身心健康					
艺术修养					
社会实践					

自查自省

1. 本周满意的事：

2. 本周欠圆满的事：

老师的评价与建议

1. 责任教师的话：

签名：_____

2. 班主任检查：

签名：_____

期 中 小 结

学业成绩	科目 成绩	语文	数学	外语	物理	化学	生物	政治	历史	地理
	半期收获									
	半期需要改进之处									
	成长体验									
	学习小组评价									

 心灵加油站

"小人物"要向"大人物"看齐

青年的思想愈被范例的力量所激励，就愈会发出强烈的光辉。——［俄］法捷耶夫

"不甘平庸"是成大事者的一种向上心态，成大事者往往都是从小就有着远大的抱负，心中都有一个目标，都有一个偶像。他们就这样通过不懈努力向"大人物"靠拢着。

威廉·詹姆斯说："与真正清醒的自我相比，生活中的我们只能算半梦半醒。我们的火焰熄灭了，我们的蓝图暗淡了，我们的智力和体力只开发了很小很小的一部分。"这位心理学家兼哲学家的话一直影响着每一个想成大事的人，尤其是对那些生活在平庸的死水中什么也不愿做的人，这些话更能激起他们生命的浪花。

动物有时会给我们更多启示：

雏鹰要学飞了，它已经不再像以前一样只等着父母给它带来食物了，它梦想着哪一天自己也能像父母、像家族中最勇猛、被称为"老大"的那只鹰一样，翱翔于天空，俯视万物，傲视穹宇。它要狂风吹打它的翅膀，这样它可以锻炼自己的毅力和力量，让狂风尽快吹结实幼嫩的翅膀，使之变得坚强。它不惧怕狂风可能把它吹下悬崖，因为鹰族中的偶像已经在它心中深深地扎下了根基，因为它相信自己明天也将成为鹰族中的英雄。

一个生机勃勃、目标明确、深谋远虑的人，一定会在困难面前说"不"，他们勇敢地接受着重重困苦，并向着最高的目标前进，从不对生活抱有任何不现实的幻想。他们的每一天都是快乐的，因为每一天他们都在进步，他们相信"士别三日，当刮目相看"是不断积累的结果。他们知道只有前进才能进步，不管是进一寸还是进一尺，最重要的是每天都在进步。

不论做什么事情都应该有明确的目标，成功最大的敌人是没有目标。一旦有了目标，我们就有了能量和活力，充满了想象和展望，这些动力驱使我们向"某个方向"前进。不过在这条道路上既有兴高采烈，也有灰心绝望，每到这一刻，我们就应告诫自己：不要迷失了方向。

记得有人说过：上帝给每个人的能力都是一样的，但上帝却偏爱那些不抱怨的人。

我们从一开始都是一样的，都在同一起跑线上，拥有同样的潜能，面对路途的艰辛，只要你挺过来，成功的桂冠就是你的。

每一个想成大事者做"小人物"时都应向"大人物"看齐。有了这种想法就应该振奋起来，相信自己是最棒的，为之努力，要求自己每天都有进步，每天都能向理想的位置靠近。

最崇高的理想往往是"无我"的奉献，而最悲壮的历程却一定得"有我"的奋斗。年轻人既要有周恩来"为中华之崛起而读书"的信念，也要有"为共产主义事业而奋斗终生"的追求，更要把伟大理想化为最切实的口号和行动。"为自己奋斗",不是伟大理想的缺失,而是个体意识的再度觉醒;不是"人不为己,天诛地灭"思想的泛滥,而是"大家"和"小我"的高度统一与融合。

做一个推进历史的英雄,首先就要做一个顶天立地的人。人生只有先"独善",而后方可"兼济"。在废墟上,是瑟缩似一棵枯草,还是绽放如一朵鲜花,是你个人的选择。一旦做了积极的决定,即意味着机会俯拾即是,精力用之不竭,灵感呼之即出,成功触手可及。这就是"为自己奋斗"!

 身边的榜样

在 2014 年高考中,向宣同学考得不够理想,她所擅长的语文只得了 109 分,而数学只得了 95 分,最后她以 577 分的成绩被 211 大学新疆石河子大学录取。对很多人而言,能被一所 211 工程大学录取,已经很满足了,但向宣同学有一颗不甘平凡、追求卓越的心,她想:哈兰·山德士 66 岁不甘平庸,更相信不只是年轻人才有创业的资本,他用 100 多美元到处寻找投资合作商,在失败了 1009 次之后,仍不放弃,最终在家乡肯塔基州开了一家餐厅。这才有了风靡全世界的 KFC。于是,向宣同学毅然决定再拼一年!

要变成一颗珍珠,就要付出艰辛的努力,这一年里,除了吃饭睡觉,向宣同学几乎把所有的时间都用在了学习上。教室以外的地方很少能看到她的身影,别人休息了,她还在学习,加班的时间从 0 点渐渐变成 2 点,平时午睡时间也被缩短为 30 分钟。她分秒必争,完成当天学习任务后,还专门挤出时间攻克数学难关。功夫不负有心人,2015 年高考,向宣同学语文获得了 132 分的高分,数学也得到了 118 分,最后,她以总分 633 分、全州文科第四名的成绩被清华大学录取,实现了她追求卓越的梦想!

 本周计划

一、本周课程计划

科 目	内　容	完成情况		
		好	中	差

二、本周行动计划

序号	计划做到的事情	结果评价		
		好	中	差
1				
2				
3				
4				
5				
6				
7				
8				
9				
10				

学习小组成员的肯定与提醒：

签名：

综合素质写实记录

项目	名称	时间	地点	过程	效果
思想品德					
学业水平					
身心健康					
艺术修养					
社会实践					

自查自省

1. 本周满意的事：

2. 本周欠圆满的事：

老师的评价与建议

1. 责任教师的话：

签名：_____

2. 班主任检查：

签名：_____

心灵加油站

不断创新，成功就会降临

> 一个具有天才的禀赋的人，绝不遵循常人的思维途径。——［法］司汤达

一个没有创新意识的人是缺少希望的人。一个人若想改变当前的境遇，必须不断创新。只有锐意创新，成功才会降临到你头上。

不断创新，成功才会降临到你的头上。如果你一直守成不变，那你就永远也不可能成功。

日本有一家公司。公司上层发现员工一个个萎靡不振，面色憔悴。经多方咨询专家后，他们采纳了一个最简单而别致的治疗方法——在公司后院中用圆滑光润的800个小石子铺成一条石子小道。每天上午和下午分别抽出15分钟时间，让员工脱掉鞋在石子小道上随意行走散步。起初，员工们觉得很好笑，更有许多人觉得在众人面前赤足很难为情，但时间一久，人们便发现了它的好处，原来这是极具医学原理的物理疗法，起到了一种按摩的作用。

一个年轻人看了这则故事，便开始着手进行他的生意。他请专业人士指点，选取了一种略带弹性的塑胶垫，将其截成长方形，然后带着它回到老家。老家的小河滩上全是光洁漂亮的小石子。在石料厂将这些拣选好的小石子一分为二，一粒粒稀疏有致地粘满胶垫，干透后，他先上去反复试验感觉，反复修改了好几次后，确定了样品，然后就在家乡批量生产。后来，他又把它们分为好几个规格。产品一生产出来，他便尽快将产品鉴定书等手续一应办齐，然后在一周之内就把能代销的商店全部上了货。将产品送进商店只完成了销售工作的一半，另一半则是要把这些产品送进顾客手里。随后的半个月内，他每天都派人去做免费推介员。商店的代销稳定后，他又开拓了一项上门服务：为大型公司在后院中铺设石子小道；为幼儿园、小学在操场边铺设石子乐园；为家庭装铺室内石子过道、石子浴室地板、石子健身阳台等。一块本不起眼的地方，一经装饰便成了一块小小的乐园。

紧接着，他将单一的石子变换为多种多样的材料，如七彩的塑料、珍贵的玉石，以满足不同人士的需要。

800粒小石子就此铺就了一个人的成功之路。

不要担心自己没有创新能力，慧能和尚说："下下人有上上智。"创新能力与其他能力一样，是可以通过教育、训练而激发出来并在实践中不断得到提高的。它是人类共有的可开发的财富，是取之不尽、用之不竭的"能源"，并非为哪个人、哪个民族、哪个国家所专有。

因此，人人都能创新。

你现在需要做的就是不断激发自己的创新能力，多一些想法，多一些创造。那么成功迟早会来临。

杨昌政是一名来自长乐纳吾车村的农村孩子，他的父母对他非常关心，只要是在学习上用到的钱，父亲总是马上拿出，绝对不让他耽误了学习。因为家中父母靠种地赚钱非常辛苦，他深知求学的机会来之不易。每当看着父母掏出积攒的血汗钱，他总是觉得自己必须全力以赴，努力学习。高一上学期，他的成绩在班里不算优秀，但是，他及时审视自己，有机会就和老师交流，这样，他不断发现自己的不足之处，并下决心改掉。他曾经说过，一个人不断地发现自己的短处，然后不断地去改进，其实也就是一个不断创新的过程。正是通过这样不断的自省，不断地思考，他探索出一条属于自己的学习方法，终于尝到了甜头。这一次次学习成绩提高的经历让他更深刻的领悟到：要取得成功，就必须不断反思！

　　杨昌政同学的性格比较内向，他清楚这种性格对自己的发展不利，为了改变自己，他尝试着和同学们交流，在帮助同学的过程中融入集体。说起学习和生活，他满是对老师的感激，"在我学习出现问题，情绪波动大、学习状态不稳定的时候，老师总是激励我捡起脚下的石子，提醒我明天会有用。"在 2011 年高考中，他以 619 分的成绩被四川大学录取，实现了走出大山的梦想。

 本周计划

一、本周课程计划

科目	内　　容	完成情况		
		好	中	差

二、本周行动计划

序号	计划做到的事情	结果评价		
		好	中	差
1				
2				
3				
4				
5				
6				
7				
8				
9				
10				

💬 **学习小组成员的肯定与提醒：**

签名：＿＿＿＿＿＿＿＿＿＿

项目	名称	时间	地点	过程	效果
思想品德					
学业水平					
身心健康					
艺术修养					
社会实践					

自查自省

1. 本周满意的事：

2. 本周欠圆满的事：

老师的评价与建议

1. 责任教师的话：

签名： ---------------

2. 班主任检查：

签名： ---------------

 心灵加油站

与人分享幸福和快乐

学着把你拥有的幸福和快乐分给别人吧！你分享给别人的东西越多，你获得的东西就越多。

可以肯定地说，如果一个人有充足的理由去抱怨他的不幸的话，这个人一定是海伦·凯勒。海伦出生时便是聋、哑、盲者，她被剥夺了同她周围人进行正常交际的能力，只有她的触觉能帮助她把手伸向别人，体验爱别人和被他人所爱的幸福。

但是，由于一位虔诚而伟大的教师向海伦伸出了友爱之手，这位既聋、又哑、又盲的小姑娘终于成了一个欢乐、幸福、成绩卓越的女性。海伦小姐曾经写道：任何人出于他的善良之心，说一句有益的话，发出一次愉快的笑，或者带人走一段不平的路，这样的人就会感到欢欣是他自身极其亲密的一部分，以致使他终身去追求这种欢欣。

海伦·凯勒正是同别人分享了优良而称心的东西，从而使自己得到更大的快慰。与别人分享的东西越多，你获得的东西就越多。

曾有这样一个小孩，他实在是一个极为孤独而不幸的小孩。他出生时，脊柱拱起，呈怪异的驼峰状，而且他的左腿弯曲。

这个孩子的家庭很穷。在他还不满1岁的时候，他的母亲谢世了。他慢慢长大，但别的孩子都避开他，因为他身体畸形，而且他无法令人满意地参加孩子们的活动。这个孩子名叫查理·斯坦梅兹，一个孤独不幸的儿童。

但是上天并没有忽视这个儿童。为了补偿他身体的畸形，他被赐予了非凡的敏锐和聪慧。查理5岁时能作拉丁语动词变位，7岁时学习了希腊语，并懂得了一些希伯来语，8岁时就精通了代数和几何。

在大学里，查理的每门功课都胜人一筹。在毕业时，他用储蓄的钱租了一套衣服，准备参加毕业典礼。但在消极心态的影响下，人们常常考虑不周，这所大学的当局在布告栏里贴了一个通告，免除查理参加毕业典礼的资格。

这件事使查理不再努力让人们尊敬他，而去努力培养同人们的友谊。为了实现自己的理想，他来到了美国。

在美国，查理四处寻找工作。由于其貌不扬，他多次受到冷遇。最后他终于在通用电气公司谋到了一份工作，当绘图员，周薪12美元。他除了完成规定的工作外，还花很多时间研究电气，并努力培养和同事之间的友谊。

查理工作努力，成绩显著。他一生获得了200多种电气发明的专利权，写了许多关于电气理论和工程的书籍和论文。他懂得做好了工作便会得到赞赏，也懂得作出了贡献，便会使这个世界更有价值。他积累财富，买了一所房子，并让他所认识的一对青年夫妇和他同享这所房子。这样，查理过上了幸福的生活。

 身边的榜样

　　石登施同学是 2014 届理 1 班的学生。在众多优秀的学生中，石登施并不是最突出的那个，但他身上散发出来的快乐和自信是他最后取得成功的两大法宝。

　　在学习上，他讲求方法，坚持熟能生巧，有目的性地进行学习，对一些模棱两可的知识点，对照课本和老师的讲解，进行认真的复习。他着重复习知识重点与知识盲点，做到有的放矢。练习之后他认真聆听老师的讲评，如对某一类整体学科知识、考试注意事项等的穿插点评，尤其是各学科的考试注意事项、考试技巧等，他都会认真记载，吸收精华。同时，他是一个非常乐观自信的人，在与同学的交往当中，常常把自己在学习上的收获和方法跟同学分享。在谈及高考备考的经验时，他说道："每一场考试都要用一种平和、淡然的心态来应对，保持阳光的心态，就一定会有一个自己满意的结果。哪怕自己的考前练兵不够理想，但长期形成的自信和阳光也绝对能让你在高考的考场上如鱼得水。"每一次测试完，他都要按老师的要求"截前""思后"，就是不考虑考过的，集中精力准备下一场，尽可能地让上一场的情绪不传递到下一场的考试。

　　这样刻苦且乐观的学生定会受到成功的青睐，在 2014 年的高考中，石登施同学以高出重点本科分数线 70 多分的好成绩考入了四川大学，继续谱写自己奋斗不息的人生。

 本周计划

一、本周课程计划

科　目	内　　容	完成情况		
		好	中	差

二、本周行动计划

序号	计划做到的事情	结果评价		
		好	中	差
1				
2				
3				
4				
5				
6				
7				
8				
9				
10				

学习小组成员的肯定与提醒：

签名： _____

项目	名称	时间	地点	过程	效果
思想 品德					
学业 水平					
身心 健康					
艺术 修养					
社会 实践					

自查自省

1. 本周满意的事：

2. 本周欠圆满的事：

老师的评价与建议

1. 责任教师的话：

签名：_____

2. 班主任检查：

签名：_____

永远保持进取心

> 未来是光明而美丽的，爱它吧，向它突进，为它工作，迎接它，尽可能地使它成为现实吧！
>
> ——［俄］车尔尼雪夫斯基

一个年轻人不知道自己应该干什么，觉得自己一生没有多大希望了。在迷茫中，他去找一位算命先生，想看看自己到底还有没有什么转机。

算命先生说："你现在处境不好，是不是？"

"是啊！"年轻人有些吃惊，也有些丧气，吃惊的是算命先生算得这么准，丧气的是自己命运不好得到了证实。"我没有好好念书，没有什么本事，工作也不好找，好不容易找了个工作，可是我连着一个星期睡过了头，又被开除了。您给我算算我的中年吧，我会不会苦尽甘来呢？"

算命先生掐指一算，摇头说："你到30岁还成不了什么大事业！"

年轻人大失所望，问道："看样子我命该如此！40岁呢？40岁应该有些转机吧？"

算命先生笑了笑，轻蔑地看了看年轻人，说："到了40岁，你就习惯了！"

"到了40岁，你就习惯了！"这难道不是一句足以像警钟一样响彻你耳膜的话吗？当一个人习惯了平庸、甘于落后的时候，也就是他丧失进取心的时候，那将是多么可怕的事啊！

没有进取心的人往往得过且过，难以集中精力，更不会挖掘隐藏在体内的潜力。进取心对一个人实在太重要了。没有它你就不会坚持学习；遇到挫折就会立即放弃；获得一次成功就会自我满足。对于一个人来说，年轻时没有它就会整天游手好闲，不学无术；到了中年还没有它，就会一事无成，苟且偷安；步入晚年，生活就会没有着落，惨淡无光，更不用说什么大器晚成了。

不论做什么，即使是最细小的事，哪怕是游戏，都需要有动力，但是当一个人对百无聊赖的生活和枯燥乏味的工作习以为常后，他就会麻木地听从现实和命运的摆布，任凭进取心在岁月中消磨殆尽。丧失了进取心的人就如同一部陈旧的机器，锈迹斑斑，而且还会以最快的速度蔓延。

进取心的力量是不可估量的。

年轻的日本商人齐藤竹之助一心希望能在商业中有所作为，可是到了57岁的时候，他拥有的全部"财富"就是320万日元的债务。你能想象他最后的结局吗？四处躲债？消极遁世？宣告破产，一走了之？甚至自杀身亡？然而，让人难以置信的是，15年过去了，72岁的他成了世界顶级推销员。他对于成功经验的概括只有两点：一要有坚定的信念，二要有不断进取的精神。

这个事例无疑是震撼人心的。如果你现在意识到进取心的重要并立即用于你的工作和生活，成功就离你不远了。

身边的榜样

一个人若想要取得成功，必然要有明确的目标与坚定的意志，在努力之后获得自己该有的那一份"幸运"。老班长 2010 届 75 班石顺发，就是这样的一个人。

高一时，他虽是全班第一，多次被表扬，但在全校的排名中，他并没有在最前面。高中的学习与初中相比有很大区别，高中的学习要比初中难得多，好在他每次都能够从失误中汲取教训，总结经验，努力做到在下一次的考试中有更好的发挥。

有次考试，他考得很差，成绩一落千丈。他很懊悔，也很痛苦，被迫转到另一个班级。所幸的是接纳他的是他原来的班主任。班主任跟他讲了个故事，让他明白了屋檐上的蜘蛛为何能够织就完美的网，那是因为它们的坚持与对自己的严格要求！做事情不能够半途而废，更不能够敷衍随意，只有始终保持一颗进取的心，才能摘取成功的桂冠。

在进入新班级后，他铭记班主任的教诲，每天都以积极进取的心态去面对这一天。对每件事情，都尽可能做得更好，严格要求自己，胜不骄，败不馁。正是这样一次又一次的坚持，最后他如愿地考上了"211"名校陕西师范大学。

石顺发同学之所以能取得成功，就在于他永远保持着进取心，从而为自己的未来打下了坚实的基础。

本周计划

一、本周课程计划

科 目	内 容	完成情况		
		好	中	差

二、本周行动计划

序号	计划做到的事情	结果评价		
		好	中	差
1				
2				
3				
4				
5				
6				
7				
8				
9				
10				

学习小组成员的肯定与提醒：

签名：_____

综合素质写实记录

项目	名称	时间	地点	过程	效果
思想品德					
学业水平					
身心健康					
艺术修养					
社会实践					

自查自省

1. 本周满意的事:

2. 本周欠圆满的事：

老师的评价与建议

1. 责任教师的话：

签名： _____

2. 班主任检查：

签名： _____

心灵加油站

生命是一个坚持的过程

一日一钱，十日十钱。绳锯木断，水滴石穿。——班固

人的生活方式有两种：第一种是像草一样活着，第二种是像树一样活着。像草一样，你尽管活着，每年还在成长，但是你毕竟是一棵草；你吸收雨露阳光，但是长不大。人们可以踩过你，人们不会因为你的痛苦而产生痛苦。人们不会因为你被踩了，而来怜悯你，因为人们本身就没看到你。所以，我们每一个人都应该像树一样成长。即使我们现在什么都不是，但是只要你有树的种子，即使被人踩到泥土中间，你依然能够吸收泥土的养分，自己成长起来。也许两年、三年你长不大，但是八年、十年、二十年，你一定能长成参天大树，当你长成参天大树以后，在遥远的地方，人们就能看到你；走近你，你能给人一片绿色、一片阴凉，你能帮助别人。即使人们离开你以后，回头一看，你依然是地平线上一道美丽的风景线。树，活着是美丽的风景，死了依然是栋梁之才。活着死了都有用，这就是我们每一个同学做人的标准和成长的标准。

当一个人为别人活着的时候，就非常麻烦。因为别人的标准是不一样的，没有坚持自己的追求，没有了自己想要的东西，你的尊严和自尊是得不到保证的，因为你总是在飘摇中间。对于我们来说，保持自己尊严和自尊的最好的方法是什么呢？那就是，你有一个梦想，并不断地去追求，一直坚持下去。不论你的梦想最终是不是会实现，你都是有尊严和自尊的。

当你决定了一辈子干什么以后，你就要坚定不移地干下去，就不要随便地换。你可以像一条河流一样，越流越宽阔，但是千万不要再想去变成另外一条河，或者变成一座高山。有了这样一个目标以后，你生命就不会摇晃，不会因为有某种机会而到处乱窜，坚持会让你拥有成功。

身边的榜样

2010届77班的吴忻是一名用毅力坚持到成功的榜样。她相信勤能补拙，笨鸟必须先飞。

数学是横在很多同学面前的大难题。高一上期期末考试，她的数学只考了56分，导致总分排名跌出年级前50名，她很伤心。哭过后她回想自己近四个月的数学学习，上课提不起兴趣，经常打瞌睡，作业不能够独立按时完成……对待数学她竟然抱有侥幸心理，希望考试时"奇迹"会出现。冷静分析后，她擦干伤心的泪水，至此每天的任何空闲时间，都毫不犹豫地留给了数学，她经常四节晚自习都没有离开座位，埋头苦做习题，到下晚自习回寝室时已经累得不行。那段时光，是她最怀念的时光，那样奋斗的青春让现在的她依然激情澎湃。

一分耕耘一分收获，终于高二一期的期中考试，她的数学成绩提高到 132 分，课堂展示的优秀作业中，总有她的。这离不开她的刻苦努力，也离不开数学教师吴方奇老师的教导与帮助。2010 年高考，吴忻同学数学取得了 132 分的好成绩。大学四年，她在东北师范大学接受高等教育，是一名免费师范生。2015 年以专业第 4 的优异成绩毕业，回到母校从教，在如诗如画的校园里，她总能遇到曾经教导她的良师，结识志同道合的益友，她热爱教育，并立志做一名优秀的人民教师。

 本周计划

一、本周课程计划

科目	内 容	完成情况		
		好	中	差

二、本周行动计划

序号	计划做到的事情	结果评价		
		好	中	差
1				
2				
3				
4				
5				
6				
7				
8				
9				
10				

学习小组成员的肯定与提醒：

签名：

综合素质写实记录

项目	名称	时间	地点	过程	效果
思想品德					
学业水平					
身心健康					
艺术修养					
社会实践					

自查自省

1. 本周满意的事：

2. 本周欠圆满的事：

- -

- -

- -

- -

老师的评价与建议

1. 责任教师的话：

- -

- -

- -

签名：- - - - - - - - - - - - - -

2. 班主任检查：

- -

- -

- -

签名：- - - - - - - - - - - - - -

♥ 心灵加油站

永不言弃的心

百折不挠，屡仆屡起。——孙中山

喜马拉雅山直冲霄汉，可上面有攀爬者的旗帜；

撒哈拉沙漠一望无垠，可里面有跋涉者的脚印；

阿尔卑斯山壁立千仞，可其间有探险者的身影；

人生道路上荆棘满布，可其中有奋斗者的记忆。

十八岁，正如毛泽东所说"风华正茂，书生意气，挥斥方遒"。

十八岁，正值拼搏的年龄，我们不应该让自己在这么好的阶段丧失拼搏的机会。

人生的道路上布满荆棘，会有重重险阻，但阻挡不住风华正茂的我们。路是永长的，希望是远大的，只要我们用毅力去搬开挡道的石头，最终会拨开云雾见青天。正如李白所说"长风破浪会有时，直挂云帆济沧海"。

也许我们没有曹植那"捐躯赴国难，视死忽如归"的自豪奔放；也许我们没有屈原那"长太息以掩涕兮，哀民生之多艰"的忧国忧民；也许我们没有李煜那"问君能有几多愁，恰似一江春水向东流"的多愁善感。但我们有风华正茂的年龄，我们有一双勤劳的手，我们有火一般的热情。这些还不够吗？只要我们有一个奋斗的目标，全世界都会为我们让路的。

十八岁的人生亦是多姿多彩的，我们既可以在奋斗中享受着人生的快乐，又可以在享受快乐的同时去奋力拼搏。在十八岁的路上，没有琼瑶剧的缠绵悱恻，也没有古龙小说的快意恩仇，更没有娱乐电影的幽默搞笑。它有的只是迂回曲折的道路；它有的只是在你奋斗的途中偶尔出现一块石头绊你一脚；它有的只是一点星光在出口处等着你。

十八岁的我们没有陶潜"结庐在人境，而无车马喧"的安逸闲适；也没有杜甫"感时花溅泪，恨别鸟惊心"的无奈感伤；更没有李白"仰天大笑出门去，我辈岂是蓬蒿人"的放荡不羁。

但我们有着永不言弃的心，有着永不止步的脚，有着咬定青山不放松的信念……

身边的榜样

2010 年，77 班的石香金同学以 611 分的成绩被"985"名校华东师范大学录取。然而有谁知道石香金同学在初中的时候，因为家庭条件不好，想放弃就读高中，是班主任谢老师说了一句"石香金，不要读中专，你呀是要读高中考大学的"改变了她的生活。2007 年，她以全县第 77 名的成绩被边城高级中学录取，进入了民族团结班 65 班。不过进入高中后，学科难度加深以及对新环境的不适应，使得她在第一个学期里，语、数、外没有一门及格，尤其英语和数学是最大的难题，甚至数学还拿过 40 多分，她也曾一度因为数学成绩的不理想而想辍学。不过她一直相信"一切皆有可能"和"勤能补拙"，在"走出农门，改变家庭和自己命运"信念的支撑下，她没有放弃，没有失去信心；不懂就问，早自习大声地阅读课文，背诵句子和文章，每天记 20 个英语单词，提前预习好第二天要上的内容；上课认真听讲，做笔记，课后及时复习；不懂就问，办公室总能看到她的身影；每次考试后及时总结自己的不足，做出反思和以后如何提高的计划；制作错题本，把考试和平时做错的题以及做题思路写在错题本里。皇天不负苦心人，在爱岗敬业，耐心和蔼的老师们的帮助指导下，高考中，她以语文 114，数学 129，英语 131 的成绩，考上自己理想的大学。大学毕业后，回到了她热爱的母校工作。

 本周计划

一、本周课程计划

科目	内　　容	完成情况		
		好	中	差

二、本周行动计划

序号	计划做到的事情	结果评价		
		好	中	差
1				
2				
3				
4				
5				
6				
7				
8				
9				
10				

💬 **学习小组成员的肯定与提醒：**

签名：＿＿＿＿＿＿＿＿

项目	名称	时间	地点	过程	效果
思想品德					
学业水平					
身心健康					
艺术修养					
社会实践					

自查自省

1. 本周满意的事：

2. 本周欠圆满的事：

老师的评价与建议

1. 责任教师的话：

签名： _____

2. 班主任检查：

签名： _____

_____年___月___日—___月___日

走向成功的另一条路

条条大路通罗马。——英语谚语

记得有人问过这样一个问题："怎么去面对困难与挫折？"作家陈忠实如实回答说："像水一样地流淌。"

是啊，像水一样地流淌，就是陈忠实历经岁月的洗礼后得出的成功奥秘，也是值得我们借鉴的成功法宝。困难和挫折就像一堵高墙，随时都有可能出现，即使你努力了，也不一定可以翻越它，如果不能翻越它就等于把自己囚禁在墙内，但是，你只要像流水一样，转个弯，顺着墙角走，依势而行，你总会找到那个突破口，这才是你走向成功的另一条路。

"条条大路通罗马"这样的道理大家耳熟能详，当年我的远房表弟也一定知道。他就是带着这样的思想初中毕业了。因为学习成绩很差，他连一所好一点的高中都无法考取。他放弃了读书梦想，才16岁的他挤进了茫茫人海，先是随父亲去深山老林里伐木，后来又和年纪稍大一点的老乡们去东莞打工。

在东莞高大宽敞的厂房里，他手脚并用，努力劳作。他这才感觉到工作节奏是那样的快，工作是那样的累人，即使你拼了命地工作，累得两眼发黑也赚不到几个钱。所有的理想、前程、未来几乎崩溃殆尽，每天晚上加班回到宿舍，他都感觉世界黯淡无光，在狭小的床铺上翻来覆去，无法入睡。在东莞的那些日日夜夜，他不知道自己是怎么挨过去的。

在高强度的劳动逼迫下，在精神即将崩溃的情况下，他不得不折回家，然而回家后的他沉默寡言，整天无精打采，对他来说生活好像失去了希望。

他的父亲找到他初中的班主任，渴求班主任可以给他一条明智的路。

班主任把他带到了学校的后山，这是一个不太高却荆棘密布，尽是石头堆积而成的荒山。山脚下一条静静的溪流平缓地淌过。他不解地问："老师，你带我到这里来做什么，这里我来过无数次了，没有什么新奇。"

"你再认真看看那条溪流。"班主任用手指了指山脚下的溪流。

他再次看那条溪流的时候，他猛然发现，溪流在山脚下转了一个"之"字形的弯才继续奔流向前。溪流在奔向江海的路上遇到了石山阻碍，石头堆积的山，溪流是无法逾越的，即使是长年累月地冲刷也无法摧毁，溪流一定愤怒过无数次，也失望过，悲观过。但当它不得不转弯时，溪流发现了原来奔向江海的路就在山的旁边，无需费多大劲就绕过了石山。最后溪流又一路欢畅向前奔去。

成功需要自己勇敢地去行动，你的第一把钥匙没有打开成功之门，但你可以用第二把钥匙啊。

他顿悟了。

在老师的指引下，他就读了县城的一所职业技术学校，学习汽车修理专业。在专业技术的理论指导下，在不断的实践培训中，他学到了很多相关知识。他才知道那些看起来很头痛的文字不是那样讨厌，那些枯燥的文字既告诉你道理也传授了技艺，那些看起来很简单的技术原来那样博大精深。毕业后，他开了一家小修理店，从修理技术中寻找生存的机遇。几年的打拼让他小有成就，去年又扩大了修理店的规模，还招收了几个工人。他既获得了财富，也实现了人生理想。

后来，我多次遇到他，每次谈起他自己的人生波折，他总是乐哈哈地说："人，最重要的不是你今天所站的位置在哪里，而是你明天朝向的方向在哪里，你可以勇敢地翻越高山，飞越沧海，但你也可以在山脚转身，也可以选择沿着海岸线前行，也许这样的抉择违背了你当初的规划路线，但走起来会比你规划的路线轻松一些。因为蜿蜒的道路照样通往成功的大门。"

古人云：思想上的牢笼比现实中用钢筋铁丝编织的牢笼更难冲破。现实就这样，在你梦想成真的路上，改改方向，顺应潮流，解放思想，你就真的找到了成功的捷径。

 身边的榜样

"一切从零开始，坚持不懈，努力奋斗。"是203班万豪同学对自己的要求。初中毕业，他以所在学校第一名的成绩考入边城高级中学，进入高中后，万豪同学在理科学习方面取得了优秀的成绩，但是，由于基础的原因，他很快发现自己的英语学习举步维艰。尽管他在英语学习上花费了很多的时间和精力，但是收效不大，每次考试都是全班的最后一名。就这样，受英语的制约，他的总成绩在全年级不是很理想。怎么办？放弃吗？这不是他的性格，断续前进又似乎一时找不到出路。正在这时，学校引进了小语种外语——日语，他想：这也许就是走向成功的另一条路！于是，高二第一个学期，他选择了学日语。在这之后的时间里，他每天都踏踏实实，刻苦努力地学习日语，在年级的排名也逐渐上升，进入了年级前茅。他曾经说过："我已经错过了一次了，现在，我会一直坚持下去，永不松懈。"

 本周计划

一、本周课程计划

科目	内容	完成情况		
		好	中	差

科目	内　容	完成情况		
		好	中	差

二、本周行动计划

序号	计划做到的事情	结果评价		
		好	中	差
1				
2				
3				
4				
5				
6				
7				
8				
9				
10				

💬 **学习小组成员的肯定与提醒：**

签名：_____

综合素质写实记录

项目	名称	时间	地点	过程	效果
思想品德					
学业水平					
身心健康					
艺术修养					
社会实践					

🔬 **自查自省**

1. 本周满意的事：

2. 本周欠圆满的事：

老师的评价与建议

1. 责任教师的话：

签名：

2. 班主任检查：

签名：

 心灵加油站

鹰的故事

只有经过地狱般的磨炼，才能炼出创造天堂的力量。只有流过血的手指，才能弹奏出世间的绝唱。——［印度］泰戈尔

一则鹰的故事，让我们学会怎么样去克服困难，让自己再次翱翔于天际。

孤鹰不褪羽，哪能得高飞，蛟龙不脱皮，何以上青天。

老鹰是世界上寿命最长的鸟类，它的年龄可达七十岁，为什么鹰会有这么长的寿命？源于它在四十岁的时候必须做出艰难而重要的决定。当老鹰活到四十岁的时候，它的爪子开始老化，无法有效地抓住猎物，它的喙变得又长又弯，几乎碰到胸脯。它的翅膀渐渐变得十分沉重，因为此时它的羽毛长得又浓又厚，使飞翔变得非常吃力。

它此时只有两种选择：等死或经过一个万分痛苦的更新过程，就是等待150天漫长的蜕变。

首先它必须尽全力飞到山顶，在悬崖筑巢，停留在那里，不能飞翔，老鹰首先用它的喙击打岩石，直到完全脱落，然后静静地等候新的喙长出来，它会用新长出来的喙，把指甲一个一个地拔掉，当新的指甲长出来后，它会再把羽毛一根一根地拔掉，经历漫长的五个月以后，新的羽毛长出来了。

此时老鹰又开始飞翔了，重新获得了再活30年的生命。

很多时候我们都在困难之中迷失了方向，觉得这就是自己的终点，却没有去想过改变现在的方向，或许就会得到意想不到的东西，或是让自己走得更远更宽。

在我们的生命中，有时候必须做出艰难的抉择，开始一个自我更新的历程。

我们必须把旧的思想，旧的习惯抛弃，才能使我们获得重生再次起飞，只要我们愿意改变旧的思维和习惯，学习新的技能，就能发挥我们的潜能，创造崭新的未来。

我们需要的是：自我改变的勇气和再生的决心。改变是痛苦的，但改变是必须，能不能把自己改变成功不是说说那么简单，需要去努力。虽然过程可能会让你喘不过气来，但这就是考验意志的时候，只要你能挺住，你就能翱翔于天际，就能实现你的第二次生命。

当我们通过改变而获得重生后，我们就能去领略生命新的长度和高度，是老鹰就应该翱翔在蓝天上，有能力就要去展现自己，精彩的人生就要靠自己去展现。

 身边的榜样

谁的青春不迷茫？2015级文科208班的赵玉萍同学也不例外。曾经的她经常迷茫地望着课桌上高过脑袋的书堆，不清楚自己的未来到底在何方。直到文理分科分班后，她突然被惊醒。"不看别人的生活，你永远不会知道，原来别人都很努力"，她周围不乏天资聪颖的人，但更可怕的是他们居然还很努力。她开始叩问自己的内心："现在这样的生活真的是你想要的吗？你难道就这样甘于平庸了吗？""不！"她听见内心深处最真实的呐喊。她不愿再虚度年华，"积之深厚，方可发之喷薄"，这是支撑她一步步走下去的信念。她慢慢静下心来，一点点积累、沉淀，把知识内化为精神的养料，用有益的思想武装自己的头脑。起初，她在前行的道路上遭遇了不少挫折——梦想的道路总是崎岖不平、泥泞不堪，即使这样，她也始终没有放弃，因为她知道，父母永远是她坚实的后盾；因为她懂得，蝴蝶总是要经过蛹的挣扎才会有一双美丽如画的翅膀。

"当你跨越了一座山，你也就跨越了一个最真实的自己。"她还在追梦的路上，怀抱初心，砥砺前行。

本周计划

一、本周课程计划

科 目	内 容	完成情况		
		好	中	差

二、本周行动计划

序号	计划做到的事情	结果评价		
		好	中	差
1				
2				
3				
4				
5				
6				
7				
8				
9				
10				

学习小组成员的肯定与提醒：

签名：_____

综合素质写实记录

项目	名称	时间	地点	过程	效果
思想品德					
学业水平					
身心健康					
艺术修养					
社会实践					

自查自省

1. 本周满意的事：

2. 本周欠圆满的事：

老师的评价与建议

1. 责任教师的话：

签名：------

2. 班主任检查：

签名：------

 心灵加油站

梦想要用努力去实现

一个人可以非常清贫、困顿、低微，但是不可以没有梦想。只要梦想一天，只要梦想存在一天，就可以改变自己的处境。——［美］奥普拉·温弗瑞

生活是自己的，所以需要我们努力去实现我们的梦想。

人生是对理想的追求，理想是人生的指示灯，失去了这灯的作用，就会失去生活的勇气，因此只有坚持远大的人生理想，才不会在生活的海洋中迷失方向。托尔斯泰将人生的理想分成一辈子的理想，一个阶段的理想，一年的理想，一个月的理想，甚至一天，一小时，一分钟的理想。有一位哲人说过，梦里走了许多路，醒来还是在床上，他形象地告诉我们一个道理，人不能躺在梦幻式的理想生活中，更需要大胆努力地去做，在理想中躺着等待新的开始，不仅遥遥无期，甚至连已经拥有的也会失去。

习近平总书记突出强调，中国梦归根结底是人民的梦。这一重要思想，鲜明地表明了中国梦蕴涵的人民主体本质属性，也阐明了中国梦的根本目的。作为个人，就是要尽力实现自己的梦想，汇集小流成为江海，我们要从以下做起：

敢于决断——克服犹豫不定的习性

很多人之所以一事无成，最大的毛病就是缺乏敢于决断的品质，总是左顾右盼、思前想后，从而错失成功的最佳时机。成大事者在看到事情成功的可能性到来时，敢于做出重大决断，因此能抢占先机。

挑战弱点——彻底改变自己的缺陷

人人都有弱点，不能成大事者总是固守自己的弱点，一生都不会发生重大转变；能成大事者总是善于从自己的弱点上开刀，去把自己变成一个能力超强的人。一个连自己的缺陷都不能纠正的人，只能是失败者！

突破困境——从失败中获得成功的资本

人生总要面临各种困境的挑战，甚至可以说困境就是"鬼门关"。一般人会在困境面前浑身发抖，而成大事者则能把困境变为成功的有力跳板。

抓住机遇——勇于选择、善于创造

机遇是人生最大的财富。有些人浪费机遇轻而易举，所以一个个有巨大潜力的机遇都悄然溜跑，而成大事者都是绝对不允许机遇溜走，且能纵身扑向机遇的勇者。

发挥强项——做自己最擅长的事情

一个能力极弱的人肯定难以打开人生局面，他必定是人生舞台上重量级选手的牺牲品；成大事者在自己要做的事情上，能充分施展才智，一步一步地拓宽成功之路。

调整心态——切忌让情绪伤害自己

心态消极的人，无论如何都挑不起生活的重担，因为他们无法直面一个个人生的挫折，成大事者则能保持积极的心态，即使在毫无希望时，也能看到一线成功的亮光。

立即行动——只说不做，徒劳无益

一次行动胜过百遍心想。有些人是"语言的巨人，行动的矮子"，所以看不到更为实际的事情在他身上发生；成大事者是每天都靠行动来落实自己的人生计划的。

善于交往——巧妙利用人力资源

一个人不懂得交往，必然无法利用人际关系的力量。成大事者的特点之一是：善于靠借力、借势去营造成功的局势，从而能把一件件难以办成的事办成，实现自己人生的规划。

重新规划——站到更高的起点上

人生是一个过程，成功也是一个过程。你如果满足于小成功，就可能远离大成功。成大事者懂得从小到大的艰辛过程，所以在实现了一个个小成功之后，能继续拆开下一个人生的"密封袋"，从而迎接到大成功。

凭着自己的智慧、奋斗与坚持，就能创造梦想，改写命运，大家怀着对梦境的憧憬，心中充满着喜悦和欢快，翘首企盼，仿佛那个梦就在不远处向自己招手，也激发着我们去奋斗实现。

生活是我们自己的，有梦想，就要用努力去实现它。

 身边的榜样

"锲而舍之，朽木不折；锲而不舍，金石可镂。"2015级文科208班的麻绍生始终铭记着这句话。初中毕业时，中考成绩不理想，对他打击很大，他一度沮丧失落过，但他更相信勤能补拙。于是，进入高中之后，他坚持每天六点钟起床，以挤出更多的学习时间。中午、下午在食堂排队打饭时，他也随身带着一本知识点小册子。为了提高自己的表达能力，他坚持每天写一篇日记。两年下来，他写完了好几本日记本。他根据自己在英语和数学方面的不足，专门编了一本常用单词本和数学错题本，并时常翻阅，以加深印象。而对其他科目，他也丝毫不放松，紧跟老师的步伐，及时进行预习和复习。在日复一日的坚持中，他的成绩开始上升，考试名次也不断提高，最终进入了文科年级前5名。

"三更灯火五更鸡，正是男儿读书时。黑发不知勤学早，白首方悔读书迟。"他坚信，只要认真刻苦，坚持不懈，就一定能成功！

本周计划

一、本周课程计划

科目	内 容	完成情况		
		好	中	差

二、本周行动计划

序号	计划做到的事情	结果评价		
		好	中	差
1				
2				
3				
4				
5				
6				
7				
8				
9				
10				

💬 **学习小组成员的肯定与提醒：**

签名：_____

综合素质写实记录

项目	名称	时间	地点	过程	效果
思想品德					
学业水平					
身心健康					
艺术修养					
社会实践					

🔬 **自查自省**

1. 本周满意的事：

2. 本周欠圆满的事：

老师的评价与建议

1. 责任教师的话：

签名：_____

2. 班主任检查：

签名：_____

在历练中选择坚强

停止奋斗，生命也就停止了。——［苏格兰］托马斯·卡莱尔

当你身临暖风拂面，鸟语花香，青山绿水，良田万顷的春景时，一定会陶醉其中；当你面对如金似银，硕果累累的金秋季节时，一定会欣喜不已。你可曾想过，那盎然的春色却是历经严寒洗礼后的英姿，那金秋的美景却是接受酷暑熔炼后的结晶。回眸深思，其实我们的人生亦是如此。不经历一番理想与奋斗的彻骨寒，哪能得到满身收获的扑鼻香？

理想，是第一层境界，就如一棵大树，但它还仅仅只是一颗种子。人生的光泽需要理想来修饰，它给予了人生最明亮的指示灯。有了它，我们才会坚持在属于我们自己的道路上越走越远。理想很大，可以是一辈子的理想，一个阶段的理想，一年的理想。但理想也很小，甚至一个月、一天、一小时、一分钟的理想也能点燃你心中最美的星星之火。从而洗去旅途的茫茫尘埃，一路向前。春天的繁花如何盛开得绚烂，夏日的星辰如何闪烁银辉，人生之路，如何扬帆起航，引得一片诗情到碧霄？我觉得答案很简单——那就是让心中那颗能长成大树的"种子"落地、生根、发芽。

奋斗，是第二层境界。大树再大，它的成长也需要过程。青春本身，便是一个明丽而耀眼的词汇。正处于如此灿烂年华下的我们，年轻的心不免也憧憬良多，是啊，谁不渴望成为自己的舵手，引生命之舟驶进另一片海阔天空？从懵懂无知的少年成为风华正茂的青年，我们跨过了成年的分界线，生命中最华丽的章节也从这里悄悄开始上演。一心想着要飞出父母的翼护，搏击属于自己的九天重霄。毕竟，我的青春，要由我们自己做主！而正当大张旗鼓地喊出口号，不顾一切地脱离温室后，面对无垠的天地，我们是否迷茫，是否该冷静一下：我的青春，我如何做主？在生活中，每个人都会遇到不如意的事，遭受挫折，被人误解，受到批评，等等。这些无疑是一道难以逾越的障碍。但这不就是成长中的酸甜苦辣吗？大树的成长是需要阳光跟养分的。必要的时候请将你的自信和勇气慷慨解囊。记住：温室里的花儿长得虽艳，但骨子里却永远散发不出它那沁人的芳香。

收获，是第三层境界：金秋来了，我们的大树也就真的长大了。它的成长折射出一段闪亮的人生之路。且不论这"树"是否高大挺拔，枝叶繁茂，是否开花，是否结果。也不说这大树最终的收获是否等值它昔日的付出。只要是收获，便已是一种结果。如同人生，成功了，便收获鲜花与掌声，失败了，便收获一段经验，几多教训，然后从头再来。只要我们用执著打破命运的枷锁，用自信和勇气照亮生活。种下理想，不懈奋斗，相信终会有"雁引愁心去，山衔好月来"的一天，相信终会有收获！

往事如歌，在人生的旅途中，尽管有过坎坷，有过遗憾，却没有失去青春的美丽。相信自己，希望总是有的，让我们记住那句话：错过了太阳，我不哭泣，否则，我将错过月亮和星辰。所以，让我们一起加油！

身边的榜样

高中三年是拼搏的三年，也是坚持的三年。203班的吴智慧同学一直坚信"梦想如果有捷径的话，那么这捷径的名字一定叫做坚持"。她从高一开始就一直坚持着，坚持着心中的梦想。在她感觉作业繁多，压力重大，快要坚持不下去的时候，她就会想起妈妈对自己的鼓励"在你坚持不下去的时候，再坚持一下，你就成功了"。于是她又充满斗志，在心里默默为自己加油。她懂得感恩，知道父母养育自己的不易，了解老师教导自己的艰辛。在家里，她尽可能帮父母做一些力所能及的事，在学校，她遵守纪律，按要求做事，尽量少让老师操心。在她的坚持下，成绩慢慢得到了提升，和周围的人也相处得更加融洽。她坚信，只要坚持了，梦想就一定会实现。

本周计划

一、本周课程计划

科 目	内　　容	完成情况		
		好	中	差

二、本周行动计划

序号	计划做到的事情	结果评价		
		好	中	差
1				
2				
3				
4				
5				
6				
7				
8				
9				
10				

学习小组成员的肯定与提醒：

签名：＿＿＿＿＿＿＿＿＿＿

综合素质写实记录

项目	名称	时间	地点	过程	效果
思想品德					
学业水平					
身心健康					
艺术修养					
社会实践					

自查自省

1. 本周满意的事：

2. 本周欠圆满的事:

_____

_____

_____

_____

🎓 **老师的评价与建议**

1. 责任教师的话:

_____

_____

_____

签名: _____

2. 班主任检查:

_____

_____

_____

签名: _____

成长的感悟和体验

　　同学：一个学期即将结束，我们成长的脚步又走过了人生的一小段路程。回首一个学期来的努力和奋斗，我们一定会有一些感悟和体验，总结过去是为了更好地开创未来，请写下你的感悟和体验。

通 知 书

尊敬的家长：

感谢您对学校工作的理解和支持！特向您汇报学生本期情况。为了让学生度过一个健康、愉快、平安的假期，保证下学期顺利开学，现将有关事项通知如下：

一、放假及开学时间：

本学期定于　　　　年　月　日开始放假。

下学期定于　　　　年　月　日返校报名，并于当晚开始上晚自习，　　月　日（农历　月日）正式上课。

二、假期要求：

1．学校要求学生放假后应直接回家，不得在途中逗留、玩耍，遇到紧急情况，及时报警。

2．注意日常安全，不要独自外出游玩。遵纪守法，远离黄、赌、毒、黑、邪，不沉溺于网吧。

3．学生在家应认真复习功课，完成各科假期作业；积极参加规定时间内的社会实践活动；开学时凭《通知书》和假期作业报名，一并交《社会实践活动记录表》与《社区服务记录表》。

三、请家长配合：

1．学生在校必须统一穿校服，请家长做好安排，保证在校有校服穿与换洗。

2．规范学生仪容仪表，不留长发，不得染发、烫发，不得佩戴首饰（如耳环、耳钉等），入学前督促学生自觉整理规范，仪容仪表符合学生身份。

3．严禁学生带手机入校，如因特殊原因需要带手机，请家长向班主任申请，并于星期一至星期五期间由班主任代为保管，双休日由班主任发给学生。如违反规定，一经发现，将没收手机。

4．加强教育与管理，督促学生自觉学习，参加力所能及的劳动，督促学生假期参加7~10天的社会实践活动，2.5天的社区服务，并填写调查报告。学校根据学生社会实践活动、社区服务情况进行学分认定。

四、下期预计收费（具体以物价部门核定标准为准）

年　级	高一年级	高二年级	高三年级
预计收费			

五、学生综合素质评价表

姓　名		班　级	
出勤情况	迟到　次，病假　次（共　天），事假　次（共　天），旷课　次。		
思想品德			

1. 学业水平

科目	模块	成绩	模块	成绩	学期成绩
语文					
数学					
英语					
政治					
历史					
地理					
物理					
化学					
生物					
学习表现与优势学科情况					

2. 身心健康

身高		体重		视力		
身体锻炼习惯情况，体育运动特长与比赛成绩情况，卫生习惯情况，心理健康情况						

3. 艺术素养

艺术兴趣情况，参加艺术活动情况，艺术特长与获奖情况	

4. 社会实践

班级活动与社团活动，生产劳动、军训，参观学习、社会调查、科技创新等校内外社会实践活动情况	

5. 教师评语

6. 家长意见

边城高级中学学生假期社会实践活动记录表

姓　名		年　级		班　级	
活动时间	至	活动地点		指导教师	
小组长		小组成员			

主　题	
活动目的	
活动项目	

实践活动 总结 （可附页）	
实践单位 意见	签名：　　　　　　　_____年___月___日
指导教师 意见	签名：　　　　　　　_____年___月___日

活动评价	A等：优秀　B等：良好 C等：合格　D等：不合格	等级评定	
学分认定		政教处 验收	（签章）　_____年___月___日

边城高级中学学生社区服务记录表

姓名			年级		班级	
服务对象	名称					
	地址					
	电话					
服务内容						
活动时间						
社区评价		社区（签章）： 年　　月　　日				
家长意见						
学生签名		等级评定				
学分认定		团委 验收	（签章） 年　　月　　日			

附 录

附 录

附录1 校友寄语

梦耄北清序

196班 蒋钦之

永绥边陲，三省接壤。沅江北上，酉水南下，峒河东流，古沪之西，乙酉年岁，育生边城。

魅力湘西，人杰地灵。民国希龄，兵家贺龙，文豪沈老，画家黄公，歌者祖英。亦有斯人镕基求学此地，后有边城明珠点缀苗乡。

乙未之年，风光正好。时维佳节，序属初冬。边城伫立，十年薪火。当年吴钩，申城淬火，倚剑天涯，响彻云霄。犹记乙酉，黄公提笔书沈老边城。聚诸硕师弟子，边城十年树北清之材；历十年风雨，再展望未来！

予遐想欢庆盛状。天朗气清，惠风和畅，千里不远，高朋满座，浩荡非常。师者，园之重器也；弟子者，世之奇才也。蒋，三尺微命，一介顽童，今何德何能学于北清，梦于北清？沐师恩之渺渺，享北清之御风。

书山有路，学海无涯。朝丝暮雪，弱水三千，饱受挫折，命途多舛。虽三起三落，波澜不惊，百折不挠，一往无前，愈败愈勇，再接再厉！

韶光易逝，蒋序记之。愿北清之苗成巨木，北清之风吹满华夏。天佑边城，民族鼎新！

我们由此启航，奔向远方
——献给十岁的边高

208班 袁子涵

我们由此启航，奔向远方
红旗无数次飘扬在校园上空
心中的梦想被风带着盘旋
诉说青春的誓言
灯光无数次打开又关上
付出的努力被给予期望

坚定脚下的步伐

无数次欢呼回荡在耳旁

收获的喜悦被加以点缀

画上崭新的符号

《圆梦》无数次唱响在校园每个角落

晨曦的光芒被勤奋掩盖

演绎边高的精彩

如此耀眼的她尚且年轻

花开花落仅过十年

十次收纳希望

十次放出辉煌

我生而有幸

见证了其中之三

而后的十年，她将会更加美好

我们由此启航，奔向远方

前途似海，来日方长

谢谢你——美丽的校园

38班 田梦姣

没有去过埃及，但能感受金字塔的雄伟；没有去过海南，却能体验到那里蔚蓝的天空；生活在现代，却能和李白对话；生活在中国，却能和比尔·盖茨交流……所有这些，无不是校园予我的。

边城高级中学坐落于花垣县城北烽火坝开发区，校园环境优美典雅，我被它深深地吸引住。有一段话是这样的："当一个人爱上了某个星星上的一朵花，她会发现，整个夜晚都像花园般为她绽放。人只要爱着，就不会感到疼痛的，所以你看，你从未带给我伤害，是你让我感受到浩瀚的星空……"在这个书香满溢的时间，我开始渐渐地明白了，一旦定下人生的目标，就要倾心于它，哪怕它令你满身伤痕，哪怕它让你痛之入骨。忘记悲伤，向目标前进，这才是人生的主导。因为我们的方向，总是向着前方，那朵星星上的花。

美丽的校园写满了故事，它的故事很清新，像干净的春日枝头悄悄探出的嫩绿新芽，同时，它又温暖得让我在阅读时连呼吸都不忍过重。

细腻的情感呼之欲出，仿佛十四岁的日子被翻出，在眼前悄悄上演。那个叛逆而又张皇的自己，那个辛酸而倔强的背影，那些咬破嘴唇也说不出口的歉意……它就像文字版的励志剧，精致而美好，让人欲罢不能。阅读的时候会感觉生命如此美好，生活充满希望，满心陶醉。

校园有种奇怪的魔力，看似温柔的爱背后隐藏着眼泪，有些钝钝的疼；而各种精致的句子，会神奇地在你脑海中生长，在你笔下生花。

我的母校如一缕风，从远方吹来，混着花草的气息和醉人的芳香，令人满心愉悦。在这里我们每天都在感受着，一行行文字沉淀的各式各样的故事，铁马冰河的壮阔气势，青山环绕的田园悠闲，感天动地的情义浓深。

十年过后，校园的桃李已满天下，而我们是新一批的种子，企盼着生根发芽。蓓蕾等待迎风怒放，水滴等待穿透磐石，我们则等待插上翅膀，飞向理想的天堂。这些都离不开校园的培育，让我们对它真诚地说一声——谢谢！

秋风抚过你我的眉梢

37班 陌归

遇上你，如同遇上经年不见的风景。

那年，秋叶铺满陌上，我是那走在陌上的少年。秋风抚过眉梢，我行色匆匆，慌不择路。就这样，我不偏不斜，不轻不重地撞进了你的青春岁月。与你一同镂刻深夜里书写光阴的诗行，浅唱少年里散去的歌。

你怀里的那丛翠竹常年青葱。习习秋风，吹起疏影婆娑，修竹叶间那一笔翠色是你遗世独立的姿态，天地日月，恒静无言，而你只是安静地守护，护它一世长安。默默努力，守着一份寂静，等待一树繁华。古人曰："虚心竹有低头叶。"有时，我觉得你便是青竹般的俊俏儿郎、谦谦君子，温润如玉。曾读老子的"上善若水"，便觉你似一湾清泉，善利万物而不争。你以最从容的姿态、最博大的胸怀容纳我们的欢声笑语，还有刺耳的争吵、尖叫。悠悠岁月，随你一路风雨兼程，而你伴我们一往无前。

漫步于你温柔的怀里，寒凉的风都变得和煦，调皮地从我身旁溜过，仿佛一双略带薄茧的大手抚着我的发、我的眼、我的眉。缓缓踱步，漫看深秋时节里花谢花开，零落成泥。明明是万物枯荣的季节，我却觉得这时的你拥有最美的模样，不比天或地，不比虹或霞，特别的美只属于特别的你。在拐角的一棵老树前驻足凝眸，枝上的黄叶在风的旋律里袖舞翩翩，轻触树干上的纹路，仿佛岁月从指尖流过。静静倾听叶与枝的絮语，它们告诉我：这些年你所经历的风雨，你所面对的挑战，你的每一次进步……点点滴滴都是我不曾了解的，每个人都只提起你美好的现在，绝口不说你的过往。我心疼你受过的伤，却无能为力。

踽踽独行，偶尔遇见一两位曾教过我们的老师，微笑着打招呼，轻唤一声："老师好！"然后缓缓擦肩。也许他们还记得，也许他们已经忘了，不重要，重要的是我们都曾出现在彼此的生命里，尽管只是弹指一挥间。我知道他们是你的使者，代替你陪伴我们走过一季春暖花开。如今回望，才明白时间的流逝，曾经责备包容我们飞扬跋扈的他们多么值得珍惜，就像那段不复重来的日子，或者那些离了岸的船只，只是途经我们生命的一小程，他们用晦涩生硬的语言替我们分清了虚设的梦想和一成不变的现实，代替你教会了我们成长。然后消失在我的生命里，无迹可寻。他们仿若千万枝向阳葵花，把一缕阳光洒在我前行的路上。不经意地回首，是那年匆匆而过的时光，还有那一缕暖阳。一个人走过的路，一个人撑起的坚强，一段再也回不去的曾经少年时光。

过去两年的时光，每一分每一秒你都不曾远离，再忙碌的日子，你也不曾失去我们的消息。你陪我走过四季，看遍人情冷暖。我们彼此见证，彼此依靠，彼此温暖。你一步步变得更好，成为小城的骄傲，焕发着青春的活力与风采。今年你十岁了，十年的时光不长不短，一点一点凝成了如今，风华无限的你。我庆幸闯进你的世界，陪伴你度过两年时光，同时也在你的怀抱里学习成长。成长这一路能够有你，真好。

时间魔法也许会抹去我们之间的一切，美好的人、美丽的风景会渐渐模糊，但，我始终相信每一段时光，只要放在心上，就是地久天长。

又一阵秋风拂过你我的眉梢，我看见了你眉眼弯弯的嫣然浅笑，一如那年秋天，你我的初见。

十年：风雨歌声伴我行

190 班 杨寅崧

阳光明媚花香满园的时节，鲜艳的五星红旗迎着朝阳冉冉升起。美丽的边高，崭新的一天又开始了。更让我们激情昂扬的是，今年，我们的学校将迎来建校十周年庆典。十年的历程，每一个步伐都是一支激情澎湃的铿锵旋律，每一个脚印都是一段动人心弦的华彩乐章。十年，一路风雨一路歌。而美丽的校园在四季间流露的光彩，永远说不出的明媚动人。

我追着渐渐远去的春的脚步，来到北清湖的岸边。十三棵刚抽芽的垂柳从小道的尽头绵延到湖畔，婴儿般柔软的绿丝绦，抚着铜镜般的湖面，掩映着湖心的小岛，映衬八十二级石阶砌成的拱桥。我随着夏驻足，站在拱桥的一端看那樱花树娇艳怒放，风拂起落英飘向篮球场，在少年跃起投篮的一瞬，亲吻地面。我寻着记忆里秋的身影，站在三幢教学楼前，十五棵银杏金纱披覆，树叶从树巅轻盈跃起，在学子的眼前落下，与那十尊铜像相偎相依。我嗅着冬的气息，寻到了教学楼边的冬梅，丝丝清香，沁人心脾。晨日初上时少年们奔跑的身影，夕阳西下时少女们欢乐的笑语，和着教室里琅琅的书声在校园里回荡。这样的景象，十分动人。

这样的校容校貌，来之不易。2005 年进入边高的老师都记得，曾经的边高连围墙都没有。我们可以想象那时的边高是个怎样的模样。北清湖是个巨大的泥潭，与它相连的小溪尘土飞扬。沿溪并没有如今的荷萍和迎春花，比人高的杂草在风中肆意的独笑；教学楼之间的花圃也都是光秃秃的。学子必然也没有如今这样多，也许有十几个学生在走廊露一露脸面，而后又踩着上课的铃声进教室，老师们也踏着匆匆的步子走进教室，在教学资源不足的年代，他们更加忙碌。我们去寻一个树洞，听如今的老树说一说从前的事。那时尘土遍地，黄沙遮面，没有高大的树没有青软的草更没有娇艳的花。十年风雨兼程，我们一步一个脚印，描绘出一幅又一幅精美画卷；十年艰苦奋斗，我们谱写了一页又一页辉煌篇章；十年励精图治，这所崭新的学校终于破茧成蝶，展翅腾飞。

它通过一届又一届学子的笔尖留在一本本书里，它融进一支又一支粉笔里，潜进一位又一位老师的手掌心，它在满目的风中摇摆，它在树的年轮里沉寂，它看不见又摸不着，它那么漫长，无可言喻。它又那么短小简单，汇集所有的思绪，一个词就能概括，它是一个特殊的时间点，它是整整十年。

这是腾飞的十年，在这所学校的史册上留下了重重的一笔。它融进这个校园里，它在拔地而起的建筑物中，它在北清湖的碧波中，它在清晨琅琅的书声中，它在三千多套校服的校徽里，它在综合楼大厅艳丽夺目的奖牌里，它在展示栏中 259 张老师的照片里，它在金榜之上边高人的名字里，它在同济大学来访者的赞誉里。它来时带着艰难险阻，带着茫茫前途。而一代又一代的边高人越挫越勇，于是它走时给我们加冕。当我们最终走过这段路程时，耀眼的光便从这里亮起，当来访者再次询问这是哪儿时，我们便可以骄傲地告诉他：这是边城高级中学！

这是历代边高人的边城高级中学，纵然他们已脱下校服，走出校门，可他们在这里流下的每一颗汗水，都在十年中磨成了珍珠，在边高十年的冠冕上熠熠生辉。这便是我们的边城高级中学。自从我们穿上边高校服的那一刻起，便接过了边高人这个独一无二的称谓。我们敬仰前辈的成功，也勇于树起我们的猎猎大旗，用厚德的风，励志的帆，用求实的风，创新的帆，在边高的上空飞扬。

十年风雨春秋，十年薪火相传。我始终相信这并不是终点，在未来的路上，在茫茫的远方还有更多的挑战等着我们，还有更多的精彩等着我们。十年之际，我们载歌载舞，共同欢庆；十年之际，我们意气风华，斗志昂扬，去创造更多的辉煌。

（指导教师：张翠俞）

附录2　学生成人礼仪

我国古代的"成人"礼仪及其现实意义

我国古代非常重视"成人"礼仪，注重发挥其在人们世界观、人生观、价值观形成中的教化功能。我们今天开展青少年人格养成教育，可以认真研究传统"成人"礼仪，借鉴其合理成分，使之实现创造性转化、创新性发展。

一、孔子和早期儒家学者的"成人"观

孔子和早期儒家学者常常提到"成人"这一概念。孔子强调"仁"。在他看来，有仁德是做人的前提，是"成人"的基本要求。懵懵懂懂的孩子是自然人，不是具有社会义务和责任意识的"成人"。人要"成人"，就应当"仁"。所以孔子说："仁者，人也。亲亲为大。"同时孔子认为："君子不可以不修身；思修身，不可以不事亲；思事亲，不可以不知人。"也就是说，人之为人在于有"仁"心，脱离纯粹的自然状态，懂得"修身""亲亲""事亲"。

在孔子和早期儒家学者看来，"成人"首先是"有知识的人"，即对社会有基本认知。但"成人"与"成人之行"又有所不同。一个人有了知识，具备了"成人"的基本素质，然后再接受仁义礼乐教化，才能具备"成人"的德行。孔子认为，具备"知""不欲""勇""艺"等素质，也就是说聪明有智、清心寡欲、勇敢无畏、多才多艺，还不可谓之"成人"。只有见到财利想到道义，见到危难勇于担当，长期困顿却不忘平生之志，这样的人方可谓之"成人"。

孔子和早期儒家学者特别强调礼乐对于"成人"的教化作用，认为仅仅具有某种技能或某方面的素质，并不等于解决了"做人"的问题；没有礼的约束、乐的熏陶，人们不仅不能"成人"，还可能丧失一些原本可贵的品质。

二、周代"冠礼"与"成人"

孔子和早期儒家学者对"成人"的认识，有着深刻的文化背景。最晚自西周开始，我国就有了比较完备的"成人"礼仪：男子行冠礼，女子行笄礼。一般说来，士人二十而冠，天子、诸侯、大夫的冠礼则相对较早。女子一般十五许嫁，许嫁则笄；如尚未许嫁，则二十而笄。

西周时期的教育体制已经比较系统。当时人们一般在八岁入小学，开始学习洒扫、应对、进退之"节"，及礼、乐、射、御、书、数之"文"。这些都是基本的知识与技能。到十五岁时，贵族子弟、民之俊秀都要入大学，由老师教之以穷理、正心、修己、治人之"道"。一个人经过十几年的学习，才能由少年而成青年，由不谙世事的孩子变成能够承担社会义务的成年人。

男子行"冠礼"，标志着"成人"阶段的开始。"冠礼"的意义在于"弃尔幼志，顺尔成德"，即抛弃孩子气，形成和巩固"成人"的德行。行"冠礼"之后，人们开始享有"成年人"的权利，并对婚姻、家庭和社会尽自己的义务和责任。因此，"冠礼"是对人们"成年"的认可，是人们正式步入"成年人"行列的标志。

礼有"礼仪"与"礼义"的双重涵义，有形式与内容的区分。成为"成人"，不仅要能够行"礼仪"，还要自觉以"礼义"约束自身。《礼记·冠义》指出："凡人之所以为人者，礼义也。礼义之始，在于正容体，齐颜色，顺辞令。"也就是说，人之为人在于懂得礼义，人在成人之后应当穿着得体、行为得当、言辞和顺，不应再像顽皮的孩童一样什么都不管不顾。《礼记·冠义》又说："成人之者，将责成人礼焉也。责成人礼焉者，将责为人子、为人弟、为人臣、为人少者之礼行焉。"我国古代社会的基本伦理关系是父子、兄弟、君臣、夫妇、朋友，一个长大成年的人，应当懂得"人义"，即做人的基本要求。何谓人义？《礼记·礼运》说："父慈子孝，兄良弟悌，夫义妇听，长惠幼顺，君仁臣忠。十者谓之人义。"人年满二十，行过"冠礼"之后，便应认同这些人伦、实践这些"人义"。

我国古代士人行过"冠礼"后要依次拜见国君、大夫，受拜见的人往往会有一番教导，这对于刚刚成年的人非常有益。比如，《国语·晋语六》就记载了这样一番意味深长的话："戒之，此谓成人。成人在始与善，始与善，善进善，不善蔑由至矣；始与不善，不善进不善，善亦蔑由至矣。如草木之产也，各以其物。人之有冠，犹宫室之有墙屋也，粪除而已，又何加焉？"也就是说，刚刚成年的人要谨慎戒惧，一开始就要学习美善之道，进而吸收、增长更多的才德和学识，摒弃不善的东西；如果开始时接触的是邪恶，则会滑向善的反面。善生善，恶生恶，就像草木繁殖，都是一类一类地滋生。人们行过"冠礼"后，就应树立正确的人生方向，形成是非判断能力。就像宫室有墙有屋，房屋可以遮挡风雨，但还需要随时清扫；人有了正确目标，还需要继续修为，随时纠正偏失。显然，"冠礼"所昭示的正确人生路向十分紧要。人要"成人"向善，就应当自觉遵守社会规范，按照礼的标准行事。因此，《左传·昭公二十五年》说："礼，上下之纪、天地之经纬也，民之所以生也，是以先王尚之。故人之能自曲直以赴礼者，谓之成人。"

三、推动传统"成人"礼仪创造性转化、创新性发展

青少年时期是道德人格养成的关键阶段，也是人生观确立的重要时期。在任何时代，青少年的人格养成教育都十分重要。古人将"成人"礼仪看作青少年人格养成教育不可缺少的一环，其中的合理成分值得我们继承和发扬。

把握传统文化中"成人"观的精髓。例如，孔子之学在很大程度上说是"仁"学，是为人之学。孔子不但围绕"仁"提出了系统的"成人"观，而且他本人就是一位不断"学之、行之、礼约之"

的行动者。他的教诲、他的行为，都值得认真研究学习。90年前，历史学家柳诒徵在《论中国近世之病源》一文中说："今日社会国家重要问题，不在信孔子不信孔子，而在成人不成人，凡彼败坏社会国家者，皆不成人者之所为也。苟欲一反其所为，而建设新社会新国家焉，则必须先使人人知所以为人，而讲明为人之道，莫孔子之教若矣。"柳诒徵从学术角度出发，认为当时社会出现的病象正是由于传统"成人"礼仪遗失、孔子之教不行。他的这一见解，从继承和弘扬中华传统美德的必要性、重要性上来说，无疑具有一定的合理性。

在借鉴和创新中加强青少年礼仪教育。我国有着久远而丰厚的礼治传统。礼仪作为礼的形式，体现的是礼的本质意义。世界各地都有形式不一的成人礼。近年来，国内不少地方也将成人礼作为青少年教育的重要内容。传统的"成人"教育注重礼的内涵，注重通过礼仪的形式使青少年理解做人的真谛。借鉴和创新传统"成人"礼仪，开展符合时代要求和当代青少年成长实际的礼仪教育，对青少年的道德人格养成及人生观形成具有重要意义。应采取具体措施，组织力量对关乎青少年成长的礼仪教育进行深入研究。在充分酝酿论证的基础上，制定具体的规范，使成人礼等相关礼仪成为青少年人格养成教育的有机组成部分。作为成人仪式的一个重要环节，成人礼不必孤立进行，可与相关礼仪（如入学礼、成童礼等）结合进行，与相关素质教育相结合。同时，在进行青少年"成人"教育时应特别注重师德教育，使教师不但能够"授业""解惑"，而且善于"传道"，真正做到"学为人师、行为世范"。

十八岁成人仪式宣誓词选登

十八岁成人仪式宣誓誓词（一）

今天，面对国旗，我庄严宣誓

我已长大成人，永远做祖国忠诚的儿女

我宣誓从今天开始，我以诚心对他人

以孝心对父母

以热心对社会

以忠心对国家

我宣誓因为有我，人民将更加幸福

因为有我，家园将更加美好

因为有我，祖国将更加昌盛

天地为鉴，国旗为证

十八而志，青春万岁

十八岁成人仪式宣誓誓词（二）

我是中华人民共和国公民，在十八岁成年之际，面对国旗，庄严宣誓：

我立志成为有理想、有道德、有文化、有纪律的社会主义公民。遵守宪法和法律，热爱社会主义祖国，拥护中国共产党的领导。正确行使公民权利，积极履行公民义务。自觉遵守社会公德。服务他人，奉献社会；崇尚科学，追求真知；完善人格，强健体魄，为中华民族的富强、民主和文明，艰苦创业，奋斗终生。

十八岁成人仪式宣誓誓词（三）

我向国旗庄严宣誓：

我是中华人民共和国公民，拥护中国共产党的领导，热爱社会主义祖国，遵守国家宪法和法律，履行公民权利和义务。认真学习，努力工作，关心集体，团结互助，做有理想、有道德、有文化、有纪律的社会主义新人，争当爱国、守法、诚信、知礼的现代公民。为全面建设小康社会、实现中华民族的伟大复兴，贡献青春、智慧和力量。

十八岁成人仪式宣誓誓词（四）

十八岁，是充满理想与奋斗的季节

十八岁，我们将用热情点燃生命的火焰

今天，在这个神圣的日子里，我们六班全体同学在国旗下庄严宣誓：

我们宣誓：以虚心对待知识

以恒心对待学习，以诚心对待他人

以孝心对待父母，以热心对待社会

以忠心对待国家

用自己日渐坚实的臂膀担负起必须承担的责任

十八岁成人仪式师长讲话选登

老师讲话

各位青年朋友：

大家下午好！

今天是个值得纪念的日子，我们在这里举行隆重的18岁成人礼，既是告别过去的辉煌，更是庆祝崭新的开始。首先，请允许我代表学校向跨入成人行列的各位青年朋友致以热烈的祝贺，向辛勤培育你们的老师们表示最崇高的敬意。

18岁，意味着各位少男少女迈入了成人行列，在我国传统上，成人礼有两种，男生叫冠礼，女生叫笄礼。除了中国，全世界各地各民族都有自己富有特色的成人礼。但不论何种成人礼，都不仅仅是个仪式，它还象征着各位经历了18年人生奔跑之后第一次要面临的人生选择。

成人的深刻涵义是奋斗、奉献、责任、关爱、包容和超越。18个春秋，同学们在风雨之中成长，一路洒满了父母、老师的关爱与辛苦。此后，不应再让饱经风霜的父母操心，不应再让他人笑你们年少，因为同学们已经而且必须懂得祖国的尊严和荣辱，国家的法律和制度，公民的权利和义务，人生的责任和价值。

在这个特殊的日子，庄严的时刻，我在衷心地祝贺各位的同时，也有三句话想对你们说。

第一句：18 岁，要志存高远，拼搏进取。

"天行健，君子以自强不息；地势坤，君子以厚德载物。"一个人在青年时代就应该学会欲做事先做人——立德乃为人之本。作为师长，我希望同学们学有所成，更希望你们德才兼备。你们处在青春期，是人生观、价值观形成的时候。当今世界，物欲横流，各种文化、文明、观念、思潮的冲突空前激烈，各种各样的诱惑在向你们招手，选择什么？走向何方？这是你们自立于社会之际所面临的最严峻考验。你们要树立远大的理想，并且要为实现这个理想而顽强努力，不论遇到什么困难挫折，都不改初衷，矢志不渝，才能有所作为，有所成就。现阶段，同学们应该倍加珍惜在学校里的学习时光，刻苦学习，发奋图强，学好知识和本领，去实现自己的人生理想，让自己成为一个高尚的人，一个纯粹的人，一个脱离了低级趣味的人，一个有益于人民的人。现在即将面临十分关键的高考时刻，同学们一定要高效率地利用好这段无比珍贵的时间，奋力冲刺，拿出最好的成绩来展示，使将来任何时候想起这段高考的经历，都问心无愧，没有遗憾。

第二句：18 岁，要心怀感恩，肩负责任。

亲爱的同学们，大家能有今天，离不开父母和师长。感谢父母给了你生命，在过去的 18 年里关心你、照顾你，为你遮风挡雨，撑起一片静谧的天空。感谢老师给你知识，为你打开一扇又一扇认识世界之窗，引导你了解和探索这个新奇的世界。感谢朋友和所有帮助过你的人，让你成长的路上不孤单。只有心怀感恩才能在享受成功的快乐的同时永远记得那些帮助你走到今天的人，只有心怀感恩才有强烈的责任意识。其实，知恩图报只是一个人道德的底线。在今天的仪式上，同学们应当在自己的内心许下一个回报父母、回报师长、回报社会、回报国家的宏愿，并以此作为同学们一生的理想与生活的动力。

18 岁，长大了，要学会承担责任。从现在开始，你们将享有宪法赋予的权利，并履行宪法规定的义务。从今天起，你们就要对自己的行为负责，对父母负责，对国家负责，对社会负责，作一个有责任心的人。大到对社会，小到对家人，对自己。用努力和付出回报父母、老师、母校和社会。从今往后"责任"两字将伴随你们一生。无论什么时候，想起今天的成人仪式，我们就会升腾起崇高的责任感。千万不要把玩世不恭当深沉；把叛逆当勇敢；把冷漠当作"酷"；把自私当精明；把心理缺陷当成个性。青年应该成为引领社会风气之先的力量，做体现时代进步要求的新道德规范的实践者，做新型人际关系和良好社会风尚的倡导者。心中永远保持正直和诚信，维护和发扬社会的法律和道德体系，为社会进步做贡献。

第三句：18 岁，要学会超越自我，笑对人生。

18 岁是人生的一个重大转折和新的起点。从现在起，大家将要面临许多挑战和选择。你要问自己的不仅是"我将做什么？"，更是"我能做什么？"，"我将成为什么样的人？"。我想对你们说的是，你们是如此的独一无二。你们的信念、你们的热情、你们的才华、你们的气质、你们的魅力包括还有那么一点点小小的不完美，就构成了如此生动的你们。18 岁的时候，与其重复，不如创造。为什么不做自己，做更好的自己呢？请记住：我们无法左右自己的美丑，但可以定义自身的快乐，无法衡量生命的长度，但可以决定生命的质量。

亲爱的同学们，今天大家又在同一个起跑线上，上苍给大家彼此公平的 18 岁，今天开始，你将成为什么样的自我，也许这是 18 岁你独立作出的第一个重要的选择，就像拿到了一本通向未来的护照。我们仍有很多的潜力，比如说我们的头脑就是一个巨大的能量库，但是我们一生能够充其量发挥到的只有百分之五，所以我们还有那么多的能量没有被发挥出来。心理学家告诉我们，如果我们的一生，我们想做的、能做的和正在做的是同一件事情的话，我们就有可能释放我们更多的天性实现我们的潜能，并且获得健康、快乐成功而幸福的人生。

18岁成人礼一定会为这个特殊的日子抹上一笔亮彩，在你们心灵深处留下最美好的回忆。成人礼是短暂的，最重要的是你们的内心的体验和思考。在18岁的路口，认认真真地思考一番，整装出发。18岁是生活新的起点。愿你们走好人生的每一步，愿你们拥有一个繁花似锦的明天，愿你们拥有一个美丽灿烂的人生。这就是我对大家的深深祝福，再一次祝福你们，亲爱的18岁的朋友们！谢谢！

家长寄语

亲爱的宝贝们：

今天是个特别的日子——是你及你的同学们十八岁的"成人礼"。我很荣幸以一个妈妈的身份，代表儿子所有同学的妈妈，来分享此刻的心情与祝福。

今天是个很难得的机会，有这么多儿子的同学、老师和亲人长辈们一起见证这个意义非凡又令人激动的时刻。儿子、同学们："一粥一饭，当思来之不易；半丝半缕，恒念物力维艰。"请你们珍惜今天幸福的生活和学习环境，感念辛勤栽培你的老师和学校，感谢学校为我们搭建这个见证你们成长历程中最最重要的时刻的平台。

值此18岁成人仪式之际，我送上父母最真挚的祝福，愿你永远快乐！健康！幸福！优秀！我们为你感到骄傲。十八年的时光悄然溜走，转瞬之间，你已不是那个淘气的小孩子，时间把你打磨成了一个小伙子、大姑娘。

妈妈和所有的亲人们一样，陪伴和见证着你的点滴进步与成长，与你分享着生活的乐趣、知识的雅趣和人生的风趣。虽然，妈妈也会犯错，爸爸有时也会错怪你，老师也有可能误解你，其实，这都是在与你分享人生的真相：世上没有人和事是完美无缺的。古人说，人非圣贤，孰能无过，过而能改，善莫大焉。可喜的是，妈妈看到你今天已经长大了，迈向"成人"的世界了。

"成人"这两个字写起来并不复杂，但蕴含的内容却丰富而深刻，其中最需要记住的应该是责任和价值。成人意味着你将不再是父母羽翼下任性的孩子，意味着你将告别幼稚走向成熟，克服依赖走向独立，不管你愿不愿意。

成人意味着你将独自面对道德的约束，独自承担法律的责任，你的一言一行都将接受他人的审查、道德的评判和科学的考验，不管你愿不愿。

成人意味着你真正地长大了，意味着你在拥有独立自主权利的同时，也要承担应尽的义务和责任。这责任并不是别人给的，而是自己成熟的思想内定的；这责任是为父母，为爱你和你爱的人；更是为国家，为民族，为人类，为我们赖以生存的世界，特别是要为自己的言行和人生负责。不管你愿不愿意。

孩子，每每看到你精疲力竭却斗志不减的身影，我在担心之余多了一份踏实。我想说的是，不管今后如何，此刻，你的坚定与付出已叫我们欣慰与感动。宝贝，你努力向上的态度和健康的身体，已足够让我骄傲！

在这个特殊的时刻，我也愿意和你分享一些东西。我希望你做一个负责任、肯担当的人。责任是成年人最重要的标志，也是生活中的重要内容和原则。当你拥有了独立选择和行动的能力，也便有了相应的责任和义务。只有懂得负责而又能够负责的人，才能被社会认同和接纳，成为一个真正受人尊重的人。

我们希望你是一个有价值、有作为的人。世界上的每一个生命都有自己不可替代的意义和使命。不论你在哪里，从事什么工作，不论成就大小，财富多少、位置高低，人生真正的成功其实在于能够施己所长、益人益世、有所奉献、无愧于心，生活得快乐而充实。

自重然后人重之。从小到大，父母一直努力的严格要求你，也要求自己尽力地去做好你的启蒙老师。我们希望你成为一个真诚善良，坚毅果敢的孩子。在这平常的生活里，我也一直唠叨，让你学会独立和自尊。因为我始终觉得，只有自尊自重，才可以得到别人的认可与尊重。

一直以来我们始终要求你好好学习，不是因为我们要你和别人比成就，而是因为我们希望你将来拥有选择的权利。而学习，不仅仅是你十几年以来，坐在课堂里系统地接受老师的教导，也不仅仅是数学，物理和英语。它其实是贯穿于整个生命的一种状态，无论你而立还是耄耋，无论你功成还是平凡。你始终可以通过学习和探索自己未知的部分而让生命充盈。孩子，在你今后成长的道路上，我们依然是你最坚强的精神依靠，并愿意做你最贴心的朋友和最亲密的伙伴。不论你走到哪里，不论你遇到成功或失败，顺利或挫折，我们都永远爱你，我们的心永远陪伴你、支持你、信任你。为你的今天喝彩，为你的未来祝福！

最后，还是想用保尔·柯察金的名言作为我给你的 18 岁寄语的结尾：当他回首往事时，不因虚度年华而悔恨，也不因碌碌无为而羞耻。

附录3　高中生职业生涯规划

一、什么是职业生涯规划？

职业生涯规划（career planning）也叫"职业规划"。在学术界，人们也喜欢叫"生涯规划"；在有些地方，也有一些人喜欢用"人生规划"来称呼，其实表达的都是同样的内容。

职业生涯规划又叫职业生涯设计，是指个人与组织相结合，在对一个人职业生涯的主客观条件进行测定、分析、总结的基础上，对自己的兴趣、爱好、能力、特点进行综合分析与权衡，结合时代特点，根据自己的职业倾向，确定其最佳的职业奋斗目标，并为实现这一目标作出行之有效的安排。

【故事】

俩兄弟爬楼梯

有一对兄弟，他们的家住在 80 层楼上。有一天他们外出旅行回家，发现大楼停电了！虽然他们背着大包的行李，但看来没有什么别的选择，于是哥哥对弟弟说，我们就爬楼梯上去！于是，他们背着两大包行李开始爬楼梯。爬到 20 楼的时候他们开始累了，哥哥说"包包太重了，不如这样吧，我们把包包放在这里，等来电后坐电梯来拿。"于是，他们把行李放在了 20 楼，轻松多了，继续向上爬。

他们有说有笑地往上爬，但是好景不长，到了40楼，两人实在累了。想到还只爬了一半，两人开始互相埋怨，指责对方不注意大楼的停电公告，才会落得如此下场。他们边吵边爬，就这样一路爬到了60楼。到了60楼，他们累得连吵架的力气也没有了。弟弟对哥哥说，"我们不要吵了，爬完它吧。"于是他们默默地继续爬楼，终于80楼到了！兴奋地来到家门口兄弟俩才发现他们的钥匙留在了20楼的包包里了。

【人生哲理启示】

有人说，这个故事其实就是反映了我们的人生：

20岁之前，我们活在家人、老师的期望之下，背负着很多的压力、包袱，自己也不够成熟、能力不足，因此步履难免不稳。

20岁之后，离开了众人的压力，卸下了包袱，开始全力以赴地追求自己的梦想，就这样愉快地过了20年。

可是到了40岁，发现青春已逝，不免产生许多遗憾和追悔，于是开始遗憾这个、惋惜那个、抱怨这个、嫉恨那个，就这样在抱怨中度过了20年。

到了60岁，发现人生已所剩不多，于是告诉自己不要再抱怨了，就珍惜剩下的日子吧！于是默默地走完了自己的余年。

到了生命的尽头，才想起自己好像有什么事情没有完成，原来，我们所有的梦想都留在了20岁左右的青春岁月中。

二、为什么要做职业生涯规划

（1）顺应世界各国教育改革和发展的需要。

（2）我国严峻就业形势的迫切要求。

（3）发掘自我潜能，增强个人实力。

（4）满足高中生身心发展特点的需要。

（5）实现高中生的职业目标与理想。

三、高中生如何进行职业生涯规划

（一）知己——探测职业自我

职业自我探测包括兴趣、性格、技能、价值观四个方面。

1. 兴趣——我喜欢干什么

兴趣是喜欢与不喜欢的一种持久倾向，它关系到对某项职业的积极性。

兴趣（Interesting）= 投（Inter）+ 最高级（est）+ 正在（ing）。

这仿佛告诉我们兴趣就是你以最高级（est）的形式投入到当下（ing）的事情之中（inter）去。也就是说，兴趣就是让你自己完全身在事物其中，当你真正完全投入到当下的事情中去时，不管这个事情多么简单卑微，你都能感受到无穷的乐趣。

结论：

兴趣是我们内心的动力和快乐的源泉。

无论我们能力如何，也无论外界评价如何，我们依然乐此不疲，当然并不是所有的兴趣都能在职业中体现。

兴趣→职业稳定性

方法推荐：霍兰德职业兴趣测试、朋友分析、白日梦

图书推荐：《天才也怕入错行》

2. 性格——我适合干什么

性格是自身态度和行为上的心理特征，它关系到从事某项职业活动的效率。

活动：请同学们拿出一张白纸，在纸上签下自己的名字，换一只手再签一次，两次签名有什么不同的感受？

也许大部分同学会觉得用习惯的手签名会得心应手，而用另一只手签名则会感到别扭。这说明我们做事情时，天生有自己擅长的一面，也有自己不擅长的一面。当性格与职业相匹配时，可以做得省力且优秀；若不匹配，虽然也可以做，但为了成功，往往会花费更多的时间与精力。性格与职业的最佳匹配，会使我们成为有效的工作者。

结论：

性格是人对现实的稳定态度和习惯化行为方式的总和，表现为个体独特的心理特征。

性格 = 成长环境 + 天性。

性格决定了你与他人沟通的方式、讲话的方法、做事的风格。

性格→职业的效率

方法推荐：MBTI 性格测试、行为评定、访谈、投射分析、测评问卷

图书推荐：《就业宝典》《不必火星撞地球》《你的职业性格是什么》

3. 技能——我能干什么

技能是掌握并能运用某项技术的能力，它关系到职业发展和过程中的成就感。

活动：夸夸我自己。

请大家在 5 分钟内在纸上尽可能多地写下自己所拥有的能力。

结论：

技能是人们通过后天学习和练习而获得的能力，通常表现为某种动作系统和动作方式。

技能探索应当关注的：从前做过的，现在能做的，未来可以做的。

工作的理想状态：可以使用到我们熟练的、擅长的并且最愿意使用的技能。

技能→职业成就感

方法推荐：撰写成就故事、成绩单、实习实践报告、技能分类卡

图书推荐：《你的降落伞是什么颜色》《你的知识需要管理》

4. 价值观——我希望干什么

价值观是一系列信念，它决定职业发展和行为的方向。

问题：你期望在工作中获得什么？

努力、达到一定的高度、有成就感、认真、获得认同、获得尊重、养家糊口……

结论：

价值观是人们用来区分好坏标准并指导行为的心理倾向系统。价值观往往容易被看做仅属于认知的范畴，其实它通常是充满着情感意志的。价值观为人自认为正当的行为提供充分的理由，是浸透于整个个性之中，支配着人的行为、态度、观点、信念、理想的一种内心尺度。

工作价值观，是最期望在工作中获得的东西。

价值观决定选择的方向性，同时也不断发生变化。

很少有一种职业能满足一个人所有的价值观需要。

价值观→职业的内外在统一

方法推荐：模拟、幻想活动；价值观清单（分类卡）；价值观量表

图书推荐：《你的船，你的海》《遗愿清单》

（二）知彼——绘画职业人生

1. 什么是职业？

职业 = 职能 × 行业。

从个人角度来讲，职业是一个人生存的方式，是其生活的物质基础。

从社会角度来讲，职业是构成社会存在的基础，是社会运行的一种具体形式。

可以说，职业反映着个人与社会两个方面的内容，是个人与社会互动的范畴。

2. 如何了解职业

向父母、亲朋了解相关职业信息；通过网络查询相关职业的情况；看各行各业成功人士传记或者讲座；通过打工的方式，亲自去实践、体验。

（三）方法——指导职业选择

1. 确定职业方向

霍兰德认为人格可分为 6 种类型，同学们可根据自己的性格特征找到与自己相符的职业方向：

社会型的人，喜欢与人交往、善言谈、愿意教导别人。可从事教育、咨询福利等领域的工作。

企业型的人，追求权力和物质财富，善用说服力和组织能力，希望被他人肯定。可从事管理、行政等领域的工作。

常规型的人，做事规矩而精确，喜欢按部就班、精打细算；可从事文书事务、金融、统计等领域的工作。

现实型的人，喜欢与物体打交道。可从事机械、电机、制造等领域的工作。

研究型的人，喜欢动脑、善于思考，求知欲强。可从事数理、生化等领域的研究工作。

艺术型的人，喜欢用文字、音乐、色彩等表达情绪或美的感受；喜欢创造，不喜欢受束缚；可从事音乐、写作、戏剧、绘画、设计等领域的工作。

2. 验证职业方向

（1）如何验证

用三个形容词来描述你的性格；你最喜欢做的三件事是什么；写出你最擅长和最不擅长做什么；在生命中你最重视的是什么；询问别人眼中的自己是什么样的人。

（2）验证方法

霍兰德的职业兴趣理论——强调兴趣与职业的匹配。

麦尔斯 - 布瑞格斯的人格理论——强调职业与性格的吻合。

埃德加·H·施恩的职业锚理论——强调价值观、能力及兴趣，甚至个性的融合。

舒伯的人生彩虹理论——强调人生阶段与职业发展的配合。

★优势学科及其组合

如 A 同学擅长生物和英语，可选择生物相关专业（发展方向）并继续出国深造。B 同学擅长生物，不擅长英语，选择专业时应避开生物相关专业，建议选择化学相关专业。因此，A、B 同学就可选择生物、化学学科独具优势的院校，从而确定自己的职业方向。

问：若一个人的优势学科是政治学和物理学，怎样选合适的专业和职业呢？

建议物理学作为主攻方向，政治学作为业余爱好。

大学时代要扩大社交面，拓展社会关系，担任一定的职务。

研究生时代继续攻读物理学，并进行跨政治学双学位修习。

由此，就可以清楚地知道可选择物理学科突出的优势院校，从而明确自己的职业方向。

因此，首先要知道自己的优势学科是什么，其次选择该学科独具特色的优势院校，最后进行组合，以此验证自己的职业方向是否合理。

2016 中国大学各门类一流学科排行榜前 5 强						
领域	门类	第 1 名	第 2 名	第 3 名	第 4 名	第 5 名
人文社会科学	文学	北京大学	复旦大学	中国人民大学	北京师范大学	中国传媒大学
	法学	中国人民大学	北京大学	武汉大学	复旦大学	中国政法大学
	哲学	北京大学	中国人民大学	中山大学	武汉大学	厦门大学
	历史学	北京大学	中国人民大学	复旦大学	北京师范大学	南开大学
	管理学	中国人民大学	清华大学	西安交通大学	浙江大学	北京大学
	教育学	北京体育大学	北京师范大学	华东师范大学	西南大学	南京师范大学
	经济学	中国人民大学	北京大学	复旦大学	武汉大学	厦门大学
	艺术学	中国美术学院	清华大学	中央音乐学院	中央戏剧学院	北京电影学院
自然科学	工学	清华大学	中国科学院大学	北京航空航天大学	武汉大学	哈尔滨工业大学
	理学	中国科学院大学	北京大学	南京大学	清华大学	中国科学技术大学
	医学	北京中医药大学	上海中医药大学	北京大学	复旦大学	北京协和医学院
	农学	中国农业大学	北京林业大学	浙江大学	中国科学院大学	南京农业大学

3. 制订行动计划

计划的内容通常用 4 个 "W" 和 1 个 "H" 表示：

What to do——做什么？明确具体任务和要求。

Why to do——为什么做？明确目标，有助于发挥主动性和创造性。

When to do——何时做？规定各阶段、各事件的开始和完成进度。

Who to do——谁去做？明确各阶段事件需要自己做还是寻求配合。

How to do——怎么做？规定每个阶段的各项事件如何实施、执行。

计划是行动的保护伞。同学们要根据自己的实际情况，找出当前所存在的差距，制定切实可行的行动计划。

四、职业生涯规划的时机

（一）什么是时机？

"火候"就是时机。如在什么时间，以什么样的方式为菜肴供热。一切艺术行为都要讲究时机。

（二）各阶段时机

1. 高中一年级：选择可以接受的专业

从理想出发，选择可以接受的学科门类。

12个学科门类506种专业，从中勾选20个，看这20个专业有什么共同特点，反推需要什么知识储备，然后选择需重点学习的课程，看看重点学习的课程和自己的优势学科是否匹配，不匹配则需要调整自己的理想，不让理想束缚自己。调整理想后再选择可以接受的课程。

高一阶段要尝试所有课程，看看哪些适合自己，哪些不适合自己。

2. 高中二年级：选择必须接受的专业

从优势学科出发，选择可以接受的学科门类。

自己的优势学科有哪些，可从两个方面进行考量：（1）自己与自己比较。学什么学科可以感到快乐、轻松，有激情、有意义。（2）自己与他人比较。哪些课程可以让自己脱颖而出，哪些课程可以让自己获得更好的排名。

3. 高中三年级：选择可以接受的学校

从分数排位出发，选择适合的学校层次。

高一认识自己，选适合自己的学科。

高二认知自己，选可以接受的学科。

专业比学校更重要，有了前面的专业认识，才能挑选一个适合自己的学校，适合自己的层次，适合自己的人生道路。

附录4　走进新高考

《湖南省深化考试招生制度改革实施方案》解读

一、关键词："3+3"

文理不分科，自选3门计入高考总分，走班制成常态

《方案》：高考考生总成绩由统一高考的语文、数学、外语3个科目和高中学业水平考试3个科目成绩组成。计入高考总成绩的高中学业水平考试科目，由考生在思想政治、历史、地理、物理、

化学、生物等6个科目中自主选择3科，不分文理科。

解读：从2021年起，湖南高考实行"3+3"模式，改革后高考科目将发生重大的调整变化，将完全打破现今高中文理分科的局面，同时有3个科目的选择权交给考生。按照这一科目改革方案，理论上学生将有20种科目组合选择的可能，可以文理科目自由混合。那么高考新政落地后，走班将成为常态。不会固定在一个教室，根据学科的不同或者是教学层次的不同，学生在不同的教室中流动上课。把学生的兴趣放在了一个更加突出的位置。

适用的学生是从2018年秋季入学的高一新生开始。

二、关键词：统考

统考只考语数外，外语可考两次

《方案》：语文、数学、外语3个科目为统一高考科目，使用全国统一高考命题试卷。外语科目将为考生提供两次考试机会，考生可选择其中较好的一次成绩计入高考成绩。

解读：全国统一的高考中，考试科目将只有语文、数学、外语，将采用全国卷考试、分值不变。那么这三科每科满分仍为150分，总分450分。尽管另一次外语考试的时间尚不确定，但可以肯定的是，统一高考的时间将由现在的2天缩短为1天半。

三、关键词：综合素质评价

综合素质评价将作为学生毕业和升学的重要参考

《方案》：一是制定《湖南省普通高中学生综合素质评价实施办法》。从思想品德、学业水平、身心健康、艺术素养、社会实践等方面，客观、真实、全面记录学生高中阶段发展状况；二是建立综合素质评价信息化管理平台和学生综合素质档案。以信息化管理手段和管理方式，方便、快捷、准确地记录与保存学生高中阶段综合素质表现情况；三是规范评价过程，强化公示审核，确保反映学生综合素质材料的真实可靠。

解读：这一改革的关键是确保综合素质评价的真实可信，这也是改革的重点和难点。我省主要从以下几个方面采取措施予以保证：一是如实客观记录反映学生综合素质的活动和事实材料，对相关材料要进行公示，责任教师要审核把关，确保真实性。二是建立湖南省普通高中学生综合素质评价电子管理平台，保留学生综合素质评价档案，便于档案的使用和监管。三是加大对弄虚作假者的查处惩治力度，保障综合素质评价的真实可靠。

四、关键词：高中学业水平考试

高中学业水平考试分合格性考试和等级性考试

《方案》：制定《湖南省普通高中学业水平考试实施办法》。改革考试形式，建立高中学业水平合格性和等级性考试，合理设置和安排两类考试科目。

解读：高中学业水平考试是检验学生学习程度、促进学生全面健康发展、避免严重偏科的一项制度设计。此次改革，也将进一步提高学业水平考试的科学性、权威性及公信力。

与现行学考制度相比，新学考制度最大的特点是将实行合格性考试和等级性考试。合格性考试作为普通高中学生毕业以及高中同等学力认定的主要依据，以"合格""不合格"方式呈现；等级性考试纳入高考招生范畴，将会以A、B、C、D、E五个等级计入高考总成绩等。

五、关键词：分类考试

高职单招规模将扩大

《方案》：一是按照教育部有关要求，实施初中起点五年一贯制人才培养模式改革。二是完善高职院校单独招生考试制度。逐步扩大单独招生规模，提高单独招生录取比例。实行"文化素质＋职业技能"考试评价方式，建立分别针对普通高中学生和中职学生的文化基础与职业技能相结合的考核录取模式。三是完善对口升学制度，构建中职与高校有效衔接的升学通道。学生也可参加统一高考进入高职院校和本科学校学习。

解读：2015年，我省通过分类考试录取的考生已占到高职院校招生总人数的一半左右，今年将进一步扩大，到2017年将成为主渠道。这种招考模式，它有利于高职院校的办学定位，有利于选拔和培养技术技能型人才，也有利于一部分学生尽早地选择适合自己的教育类型，也减轻了学生的高考负担。

六、关键词：录取

逐步减少直至取消录取批次

《方案》：一是不断优化平行志愿投档录取模式，进一步提高考生志愿满足率和投档录取率。二是逐步减少直至取消录取批次。取消录取批次后，学生不再分批次填报志愿；学校在考生志愿填报范围内按学生专业志愿和高考分数择优录取，克服社会和考生简单用录取批次划分和评价不同类型高校的倾向。三是试行高职院校单独招生学生选报多所学校制度，使学校选拔学生和考生选报学校更加合理有效，逐步实现"双向选择"。

解读：我省是最早实行平行志愿录取的省份，据了解，2015年我省已将本科第三批A、B两个批次合并为一个批次，将逐步合并本科第二、第三招生批次，直至取消录取批次。

七、关键词：高考加分

取消鼓励类加分，特长记入档案

《方案》：取消鼓励类加分项目，保留全国性扶持类加分项目，调整我省地方性扶持类加分项目。明确过渡期加分政策，保留2015年1月1日前已获得有关奖项、称号、名次考生的加分资格，且加分分值一律调整到国家规定的5分以下。

解读：目前已减少和规范高考加分政策的主要内容有：一是从2015年起取消鼓励类加分项目。包括全国性体育类、学科竞赛类、科技竞赛类获奖加分项目、还有我省地方性省级体育比赛、省"三独"比赛获奖加分项目和我省普通高校对口招收中职毕业生加分项目。二是继续保留全国性扶持类加分项目，如少数民族加分政策、烈士子女加分政策等。三是调整我省地方性少数民族加分项目及分值等。

取消这些高考加分后，有相关特长、突出事迹、优秀表现的考生可选择报考高校高水平运动队、高水平艺术团、运动训练单招或高校自主招生等。同时，将考生的这些特长情况记入学生综合素质评价档案，可作为高校择优录取的重要参考。

八、关键词：招生专项计划

提高农村学生上重点大学比例

《方案》：一是实施农村贫困地区定向招生专项计划（实施区域为全省40个国家级贫困县）。

二是实施农村学生单独招生计划，确定我省实施农村学生单独招生的区域（51个国家级和省级贫困县市区），指导省属实施高校按不低于本校年度招生总计划2%的比例编制分专业招生计划。三是实施省属重点高校招收农村学生专项计划。制定实施方案，指导和督促省属本科一批高校按不低于本校年度招生总计划3%的比例编制分专业招生计划，并合理安排适合农村考生特点与就业需求的专业（实施区域为全省范围所有农村）。

解读：增加农村学生上重点大学比例，是促进社会公平的重要举措。目前，农村学生上大学的比例与城市学生大体相当。但是，农村学生上重点大学的比例却明显偏低，其主要原因还是农村基础教育相对薄弱。2015年高考，上述3个专项计划在我省共安排4547个招生计划，实际录取4572人，比上年多招了600余人，今年有望进一步扩大。

九、关键词：自主招生

规范试点高校自主招生

《方案》：指导省属试点高校按照教育部要求规范和完善自主招生方案，严格按规定和程序开展自主招生。

解读：2015年起，自主招生面试安排在统一高考以后、高考分数公布之前进行。2016年，进一步完善和规范。

选考科目怎么选

一、高考成绩构成

必考科目	语文	采用全国卷考试，分值不变。
	数学	
	外语	采用全国卷考试，分值不变。可考两次，选较好的一次计分。语种包括英语、日语、俄语、德语、法语、西班牙语。
选考科目	物理、化学、生物、政治、历史、地理6门课程由省里组织统考，学生自主选择3门以A、B、C、D、E五个等级计入高考总成绩。	

二、20种组合方式

学生可根据自选强项组成20种考试组合

组合	必考3门			选考1	选考2	选考3
1	语文	数学	外语	思想政治	历史	地理
2	语文	数学	外语	思想政治	历史	物理
3	语文	数学	外语	思想政治	历史	化学
4	语文	数学	外语	思想政治	历史	生物
5	语文	数学	外语	思想政治	地理	物理
6	语文	数学	外语	思想政治	地理	化学
7	语文	数学	外语	思想政治	地理	生物
8	语文	数学	外语	思想政治	物理	化学
9	语文	数学	外语	思想政治	物理	生物
10	语文	数学	外语	思想政治	化学	生物

11	语文　数学　外语	历史	地理	物理
12	语文　数学　外语	历史	地理	化学
13	语文　数学　外语	历史	地理	生物
14	语文　数学　外语	历史	物理	化学
15	语文　数学　外语	历史	物理	生物
16	语文　数学　外语	历史	化学	生物
17	语文　数学　外语	地理	物理	化学
18	语文　数学　外语	地理	物理	生物
19	语文　数学　外语	地理	化学	生物
20	语文　数学　外语	物理	化学	生物

三、高校对选科的要求

目前，湖南高考改革还未正式实施，所以，我们以浙江高考为例。根据浙江省教育考试院公布2017年高校选考科目，各高校所有专业（类）中，有一半专业不限选考科目。2017年拟在浙江招生的约1400所高校公布2.37万余个专业（类）。各高校所有专业（类）中，不限选考科目的占了54%。

根据规定，在各高校专业（类）设限选考科目至多3门，而考生只需有1门选考科目符合高校设限要求即可报考；而无选考科目要求的高校专业（类），考试无论选考什么科目，都可报考。

各高校选考科目要求中，要求选考最多的是物理科目，81%的专业提出了选考要求；其次是化学，有64%；技术、生物、历史、地理和政治分别涉及36%、32%、19%、15%和13%。而在所有高校中，要求选考科目有三门的占到了33%。据了解，考生选考物理，即可报考91%的专业（类），选考化学可报考83.5%的专业（类）；而传统文科类科目中，选考历史可报考专业（类）最多，有62.8%。

据此，大致情况是这样的：6选3之后，许多学校的专业对于学生的选课有一定要求，有3门要求（三选一），2门要求（二选一）和1门要求（规定必考）三种，其中1门要求最为严格，因为他规定的这门你必须学，必须考，否则就不能进这个专业。

+3科目对专业选择范围的影响情况：

序号	组合	可报专业比例	序号	组合	可报专业比例
1	物理＋化学＋历史	99.9%	11	化学＋生物＋历史	88.7%
2	物理＋化学＋地理	99.4%	12	化学＋政治＋历史	88.6%
3	物理＋生物＋历史	99.3%	13	化学＋生物＋政治	88.1%
4	物理＋政治＋历史	99.3%	14	化学＋政治＋地理	88.1%
5	物理＋历史＋地理	99.3%	15	化学＋历史＋地理	88.6%
6	物理＋生物＋政治	99.0%	16	化学＋生物＋地理	87.4%
7	物理＋生物＋地理	99.0%	17	生物＋历史＋地理	77.8%
8	物理＋政治＋地理	99.0%	18	生物＋政治＋地理	76.1%
9	物理＋化学＋政治	98.9%	19	生物＋政治＋历史	75.3%
10	物理＋化学＋生物	97.4%	20	政治＋历史＋地理	52.9%

四、选科的策略与方法

理性的选择是建立在认识自我的基础上，每位学生在充分认识自我、学业状况分析、职业理想梳理的前提下，还要分析高校不同专业的报考要求，明确不同学科与未来职业的关系，甚至了解未来职业的需求与当下学习的关系。

新高考的突出特点是赋予考生更大的考试科目选择权。适时、合理地选择高考科目，对于更好地完成高中和大学学业，实现人生目标和价值追求，具有非常重要的意义。高中生在选择高考科目时，应当全面考虑多方因素，遵循一定原则，采取务实有效的策略和方法。

（一）影响选科的因素

一是政策因素。全面准确及时了解新高考选考的政策规定，是高中生进行高考科目选择的前提。

二是个人因素。主要是学生本人的兴趣特长、性格特点、身体条件、学业基础、发展志向等。通过自我观察、与同伴比较，听取家长和老师的评析，参考具有一定权威性的专业测试结果，参加必要的体验性实践，学生对自己形成一个大致的认识。

三是家庭因素。家人长辈的意见是必须也值得认真考虑的。此外，家庭经济状况也是需要认真考虑的因素。

四是学校因素。中学的课程安排、教学组织、师资结构、学科优势等因素，会对高考成绩产生一定影响；大学的培养目标、专业特色、办学条件，各专业（类）所指定的高考科目，单科成绩要求，身体条件限制，还有总分分相同时排序规则等，都是应当考虑的。

五是社会因素。随着国际国内经济、政治、文化、科技的快速发展，带来新的就业形势和创业机会，这也是高中生选择高考科目时应当关心的，力求在学业、职业、事业上实现顺利对接和可持续发展。

（二）选科应考虑的原则

个人意愿与社会需要相结合的原则，当前现状与变化趋势相结合的原则，本人意愿与他人意见相结合的原则，慎重选择与坦然面对相结合的原则。

（三）选科的策略

1. 志向坚定者，首选"最相关"科目

如果高中生未来的发展方向非常明确，对报考的专业已有清晰定位，那么，应当首先选择与今后发展关系最紧密的学科。即便这些科目目前的成绩未必很好，也应该坚定选择，而不能为了"求热门""钻冷门"而选择别的科目。

2. 兴趣明确者，首选"最喜欢"科目

有的学生对某些学科兴趣特别浓厚，比如对化学、物理很喜欢，特别喜欢做实验，至于今后究竟想做什么工作则还没有细想。这类学生应当"毫不犹豫"地选择自己最喜欢的科目，并努力学得更好，待到日后填报高考志愿时，再综合考虑各种因素，选择理想的大学和专业。

3. 偏科明显者，首选"最拿手"科目

高中生应当把每门功课都学好，避免出现"红灯"。但在各门学科都合格的前提下，出现一定的"强势学科"，不仅无可厚非，而且是值得肯定的。新高考给予考生更多选择，一定程度上是鼓励"适当偏科"的。对于偏科的学生，首选自己"最拿手"的科目，既有利于发挥特长，在高考中取得优异成绩，亦有利于将学习上的优势转化为今后事业上的专长，力争成为某个领域的佼佼者。

4. 各科均衡者，首选"最适用"科目

对于各科成绩均衡、学科兴趣并不明显的学生，若对于以后报考哪类专业也没有明显的偏向，那么就选择大学比较看重的科目，如物理、化学、技术，或者选"二理（技术可以归为理科）一文"

或"二文一理"，以利于在选择大学和专业时有更大的"适用面"。

5. 成绩一般者，首选"最自信"科目

假如相关科目成绩都不是特别优秀，或者时好时坏，说不清楚究竟哪门功课相对较强，而如果不尽早确定高考科目，学习的方向不明，就会造成在各门学科上平均用力，有限的时间和精力难以集中利用，更不利于在高考中取得好成绩。这部分学生应当在各科比较分析的基础上，选择自己最有信心学好的科目。

以上五种情况只是为了便于分析和指导而梳理出来的基本类型，事实上高中生的实际情况远比上述类型复杂得多，往往会是同时符合两种或更多种。学生应当好好分析自己的具体情况，做出最适合自己的选择。

（四）选科的操作方法

1. 一步到位法

顾名思义，就是一次性完成"6选3"。这种方法的优点十分明显：定位明确，有助于高中阶段有计划、有针对性地学习，减少因"选择纠结"造成的焦虑、烦恼和时间、精力上的消耗。但是，若想一次性选择到位，务必事先充分考虑，权衡各种相关因素，还要做好"已选定、不反悔"的心理准备，切忌草率选择、匆匆决断。

2. 正向逼近法

先选定3个高考科目中的1个或2个，"想好的先定"，根据各科学习的进程逐步完成3科选择。如：已经确定以后读"理科"，那就先在物理、化学或生物中选好1至2科。

3. 反向逼近法

与前一种方法相反，先确定"肯定不用于高考"的科目，完成规定的必修模块的学习，通过高中学业水平考试，把更多精力集中到高考科目的学习上。如：物理这门课学得不好，兴趣不浓，信心也不足，那就可以先确定物理不用作高考。

4. 双向聚焦法

这是正向逼近和反向逼近两种方法的整合：先确定1科或2科用于高考，1科或2科不用于高考，将"6选3"缩小为"5选1""4选1"或"3选1"，这是种较稳健的选择方式，尤其在有些科目还没学习或尚未学完的高一年级，可首先采用这种方法。

总之，高中生应当态度积极、思考缜密，在学校和家长的帮助下，综合考虑制度设计、自身条件、大学要求、考试规则、录取方式等因素，优先选择与自身今后发展目标关联最为紧密的学科。当然，无论怎样选择、选哪几个科目，要想取得好成绩，都离不开刻苦研学、持续努力，因为"选得好"的真正意义在于今后学得更好、干得更好！